DuMont Schnellkurs

ADEL

Wilfried Rogasch

DUMONT

Impressum

Umschlagvorderseite von links nach rechts und von oben nach unten:
Die Preussische Königskrone (picture-alliance) / Büstenreliquiar Karls des Großen, 1349 (picture-alliance) / Schloss Chambord an der Loire / Königin Elizabeth II. von England mit ihrem Enkel Prinz William (picture-alliance) / Der niederländische Kronprinz Willem Alexander und Prinzessin Máxima (picture-alliance) / Die englische Staatskarosse vor dem Buckingham-Palast (picture-alliance) / König Ludwig XIV. von Frankreich, der Sonnenkönig

Umschlagrückseite von links nach rechts:
Prinz Ernst-August von Hannover und seine Frau, Prinzessin Caroline (picture-alliance) / Der spanische Saal in Schloss Ambras, Innsbruck

Frontispiz:
Prinzessin Diana und Prinz Charles nach ihrer Trauung am 29. Juli 1981 (picture-alliance)

Bibliographische Information der Deutschen Bibliothek
Die Deutsche Bibliothek verzeichnet diese Publikation
in der Deutschen Nationalbibliographie;
detaillierte bibliographische Daten sind im Internet über
http://dnb.db.de abrufbar.

Originalausgabe

Kartographie: Cartomedia, Karlsruhe
Druck: Rasch, Bramsche
Buchbinderische Verarbeitung: Bramscher Buchbinder Betriebe

Printed in Germany ISBN 3-8321-7617-9

Inhalt

Inhalt

Vorwort

Die Beschäftigung mit dem Thema Adel wurde mir nicht an der Wiege gesungen. Zwar habe ich schon als Schüler gerne Schlösser besichtigt und ich interessierte mich auch für deren historische Bewohner. Doch genauso viel Begeisterung konnte ich für ägyptische Pharaonen oder gotische Kathedralen aufbringen.

In engeren Kontakt mit der adligen Welt kam ich zum ersten Mal vor fünfzehn Jahren, als ich mit zwei Kollegen vom Deutschen Historischen Museum die Aufgabe übernahm, das Huis Doorn in den Niederlanden, den Exilort des letzten deutschen Kaisers Wilhelm II., buchstäblich leer zu räumen. Das Schloss, das nach dem Zweiten Weltkrieg vom niederländischen Staat beschlagnahmt worden war, glich einer Zeitkapsel, in der der Geist des 1941 verstorbenen Kaisers noch überall präsent war. Es musste saniert werden und die geschäftstüchtigen Holländer boten das ebenso kostbare wie skurrile Inventar, um die Lagerkosten zu sparen, den Deutschen für zwei Ausstellungen in Berlin und München an. Die faszinierende Persönlichkeit Wilhelms II. hat mich auch später gefesselt. Diese Arbeiten gipfelten in der historischen Beratung für den Film »Majestät brauchen Sonne« von Peter Schamoni (1999).

Es folgten weitere Ausstellungen, zunächst 1997 eine Ausstellung von Kunstschätzen aus dem englischen Königshaus. Es war die umfangreichste Leihgabe, die die Queen jemals ins Ausland gegeben hat. 2004/05 folgt nun eine Ausstellung mit Kunstwerken aus dem Privatbesitz deutscher Fürstenhäuser. Hinzu kamen Filme über Kunst in Adelsbesitz für das Bayerische Fernsehen. Diese Projekte brachten mich zwangsläufig mit sehr vielen Adligen zusammen und so war die Basis für dieses Buch geschaffen.

Der »Schnellkurs Adel« will auf unterhaltsame Weise die wichtigsten Informationen zum Thema Adel vermitteln – Zahlen, Daten und Fakten ebenso wie Geschichte und Geschichten der bedeutenden Familien, die die Geschicke Deutschlands und Europas so entscheidend geprägt haben.

Berlin, im November 2004
Wilfried Rogasch

Für den Adel gibt es gerade in Deutschland, einer zwar nicht wirtschaftlich, aber doch kulturell »nivellierten Mittelstandsgesellschaft«, eine gewisse, oft uneingestandene Faszination. Fernsehübertragungen von Thronjubiläen oder Prinzenhochzeiten erfreuen sich hoher Einschaltquoten, an den Feiertagen bringen die Sender Beiträge über europäische Königskinder, und auch seriöse Tageszeitungen, nicht nur die Regenbogenpresse, informieren über Freud und Leid in Adelshäusern.

Das Interesse am Adel, zumal am Hochadel, mit dem man stilsicheres Auftreten und verfeinerten Lebensstil assoziiert, mag kompensatorischer Natur sein: Die Bundesrepublik als staatliches Gemeinwesen verzichtet auf jegliche glanzvolle Selbstdarstellung, die gelegentlich unser Herz erwärmen könnte. Unser Bundespräsident amtiert zwar in einem Schloss, doch jeder, der einmal Bellevue von innen gesehen hat, wird entsetzt sein über die sterile Atmosphäre dieses prosaischen Ortes. »Adliger Lebensstil« hingegen klingt ebenso romantisch wie elitär, vielleicht auch ländlich-beschaulich, in jedem Fall steht der Begriff im Gegensatz zur ganz und gar unromantischen »bürgerlichen Leistungsgesellschaft«. Und ein uralter Stammbaum gehört – trotz eines phasenweise schwunghaften Handels mit Adelstiteln – zu den ganz wenigen Dingen, die man sich nicht mit dem nötigen Kleingeld kaufen kann.

»Eigentlich« gibt es den Adel in Deutschland gar nicht mehr: Als besonderer Stand mit besonderen Privilegien wurde er im Artikel 109 der Verfassung der Weimarer Republik 1919 abgeschafft. Deswegen spricht man adelsrechtlich häufig vom »historischen Adel«. Adelsprädikate und Adelstitel werden offiziell nur als Namensbestandteile geführt. Andererseits existiert der Adel sehr wohl – und zwar sowohl in den Köpfen der Adligen als auch in den Köpfen der Nichtadligen. Adlige nehmen sich, obwohl sie in konfessioneller, landsmannschaftlicher und adelsrechtlicher Hinsicht überaus heterogen sind, durchaus als eigenständige, abgrenzbare Gruppe innerhalb der Gesellschaft wahr. Und Nichtadlige akzeptieren das ganz selbstverständlich. Sie, die »Bürgerlichen«, hegen zwar gelegentlich gewisse Ressentiments gegenüber Adligen. Andererseits bescheinigen sie dem Adel in der Bundesrepublik in allen Umfragen ein hohes, ja einzigartiges Sozialprestige. Der Adel ist das, was Briefmarkensammler ein »abgeschlossenes Sammelgebiet« nennen. Aber gerade weil heute niemand mehr in den Adelsstand erhoben werden kann, verbucht der Adel einen partiellen Statusgewinn. Von dem alten Klassengegensatz zwischen Adel und Bürgertum, der die deutsche Literatur- und Geistesgeschichte von Lessing und Schiller bis Fontane und Heinrich Mann wie ein roter Faden durchzieht, findet sich heute, da der Adel über keine politische Macht mehr verfügt, jedenfalls keine Spur mehr. Golo Mann schreibt in seiner »Deutschen Geschichte des 19. und 20. Jahrhunderts« über den Adel: »Sie sind so harmlos geworden, dass man sie wieder gern zu haben beginnt«.

Das war nicht immer so. Etwa Tausend Jahre lang stellte der Adel in fast allen Teilen Europas die herrschende Machtelite, die von ihrem gottgewollten Herr-

Millionen Zuschauer in aller Welt waren Zeuge, als sich der dänische Thronfolger Frederik und seine bürgerliche Braut Mary Donaldson am 14. Mai 2004 im Dom von Kopenhagen das Jawort gaben.

Mit dieser Staatskutsche legt die englische Königin den Weg von ihrem Wohnsitz, dem Buckingham Palace, zur Eröffnung des Parlaments zurück.

Der Adel war in Europa immer einer der wichtigsten Träger der Kultur, aus adligen Sammlungen sind viele öffentliche Museen hervorgegangen. So entstand aus der Sammelleidenschaft der sächsischen Kurfürsten die Dresdner Gemäldegalerie, wo man noch heute die »Sixtinische Madonna« von Raffael (um 1513) bewundern kann.

schaftsanspruch durchdrungen war und jegliche Auflehnung dagegen aufs Schwerste ahndete. Das Phänomen einer ununterbrochenen tausendjährigen Adelsherrschaft dürfte weltgeschichtlich einmalig sein. Mit Ausnahme Japans hat es in den asiatischen, afrikanischen und altamerikanischen Zivilisationen keine Adelsherrschaft von solcher Dauer gegeben. Die Mitglieder des Adels sahen sich als exklusive Herrscherkaste, als eine privilegierte Elite, die zum Regieren bestimmt sei. Adlige Herrschaft bedeutete Herrschaft über Land und Leute. Die politische Geschichte Europas ist über Jahrhunderte hindurch die Geschichte von wenigen hundert Familien, die fast alle Schlüsselpositionen in Staat und Gesellschaft innehatten. Mit erstaunlicher Geschmeidigkeit verstand es diese gut vernetzte Gruppe, sich in diesem langen Zeitraum dem steten politischen und gesellschaftlichen Wandel anzupassen, seine wirtschaftliche Basis zu erhalten oder zu verbreitern. Zu keinem Zeitpunkt war der Adel eine vollkommen abgeschlossene Kaste. Besonders erfolgreiche Individuen konnten vom jeweiligen Herrscher in den Adelsstand erhoben werden. Das Herz der europäischen Adelslandschaft lag in Mitteleuropa. Hier, im Heiligen Römischen Reich deutscher Nation bestand die größte Dichte an hochadeligen Familien, und die meisten der europäischen Dynastien, etwa diejenigen von England, Dänemark, Holland und Belgien, stammen ursprünglich aus Deutschland.

Adlige Herrschaftsformen, adlige Werte und Normen, höfische Etikette und fürstliche Repräsentation haben zur Einzigartigkeit Europas ebenso entscheidend beigetragen wie die bürgerliche Kritik und die vielfältigen Formen der Auflehnung gegen die Vormachtstellung des Adels. Neben und oftmals vor der Kirche und dem Bürgertum war der Adel in Europa der wichtigste Träger der Kultur. Zahllose Städte in Deutschland und Europa wurden von Adligen gegründet. Nicht nur Burgen, Schlösser und Schlossgärten zeugen von adliger Wohnkultur und Lebensart. Die Mehrzahl der großen Museen in Europa entstand als Ausdruck fürstlicher Sammelleidenschaft, etwa die Uffizien in Florenz, der Louvre in Paris, der Prado in Madrid, die Eremitage in St. Petersburg, das Wiener Kunsthistorische Museum oder die Museen in München, Dresden und Berlin. Die Tatsache, dass Deutschland die größte Theater- und Opernhausdichte der Welt aufweisen kann, beruht darauf, dass alle deutschen Fürsten Hoftheater in ihren Residenzstädten unterhielten. Unsere alten Universitäten sind ausnahmslos fürstliche Gründungen. In Heidelberg, Tübingen, Göttingen, Marburg, München und anderswo erkennt man das bis heute an ihrem Namen. Auch der Föderalismus der Bundesrepublik ist zumindest in Teilen das Ergebnis adliger Herrschaft. Bis 1918 bestand das Deutsche Reich aus 22 Monarchien, Königreichen, Großherzog-, Herzog- und Fürstentümern (und drei Freien Städten), an deren Spitze als Deutscher Kaiser der König von Preußen stand. Bis heute leben in Deutschland fürstliche Familien, die so heißen wie

Schlösser und Gärten zeugen von adliger Wohnkultur: Schloss Sanssouci in Potsdam ließ Friedrich der Große 1744–47 als seine Sommerresidenz errichten. Es erhebt sich über Terrassen, die mit Feigenbäumen und Weinstöcken bepflanzt sind.

die deutschen Bundesländer: die Häuser Bayern, Baden, Württemberg, Hessen, Sachsen, Anhalt, Mecklenburg und Schleswig-Holstein.

Mit der Aufklärung in der zweiten Hälfte des 18. Jahrhunderts und der Französischen Revolution von 1789 setzte der schrittweise Niedergang des Adels ein. Die Forderung nach »Freiheit, Gleichheit und Brüderlichkeit« richtete sich gegen Privilegien und Herrschaft des Adels. Das 19. und das 20. Jahrhundert sah einerseits einen langsamen Abstieg des Adels, andererseits kämpfte er zäh gegen seinen Machtverlust und entwickelte dabei neue Strategien des »Obenbleibens«. Innerhalb der zunehmend bürgerlicher werdenden Gesellschaft zeigte der Adel ein beachtliches Anpassungs- und Beharrungsvermögen. Diejenigen europäischen Staaten, die im 19. und 20. Jahrhundert von der Monarchie zur Republik übergegangen sind, haben die verbliebenen politischen Vorrechte des Adels beseitigt. Die wirtschaftliche Basis des deutschen Adels ist im 20. Jahrhundert erheblich geschmälert worden. Der Adel aus den ehemaligen deutschen Ostgebieten Pommern, Schlesien und Ostpreußen und der Adel im Gebiet der Sowjetischen Besatzungszone, der späteren DDR, haben 1945 Heimat und Besitz verloren, der deutsche Adel aus dem Baltikum bereits einige Jahre zuvor. Andererseits gibt es in vielen Teilen der alten Bundesrepublik, in Schleswig-Holstein, in Teilen Niedersachsens und Westfalens, in Hessen, Bayern und Baden-Württemberg, noch großen land- und forstwirtschaftlichen Grundbesitz in adliger Hand. Etwa zwei Dutzend deutscher Adelshäuser sind heute wie Wirtschaftskonzerne organisiert. Als Bewohner und Unterhalter denkmalgeschützter Häuser, als Landschaftspfleger und Bewahrer von Kunstschätzen von hohem Rang tragen aber auch die weniger Wohlhabenden zur kulturellen Vielfalt Deutschlands bei. In zehn europäischen Ländern stehen bis heute Monarchen an der Spitze des Staates. Und in allen zehn sprechen sich stets große bis überwältigende Mehrheiten der Bevölkerung für die Beibehaltung der Monarchie aus.

Adelstitel und Hierarchien

Rangordnungen spielten im Adel immer eine herausragende Rolle. Papst Julius II. stellte 1504 eine Hierarchie auf, in dem er den König von Frankreich nach dem Kaiser und dem Papst an dritter Stelle vor dem König von Spanien rangieren lässt – mit der Begründung, dass das französische Königtum älter sei als das spanische. Der Streit um den dritten Platz in der Rangordnung der europäischen Monarchien sollte Jahrhunderte andauern. Der englische Chronist Samuel Pepys berichtet von einer handfesten Keilerei zwischen dem Tross des spanischen und des französischen Botschafters als Vertreter ihrer Könige um den Vorrang in einer Kutschenprozession im London des Jahres 1661. Die Handgreiflichkeiten endeten zur Freude des Pöbels mit etlichen Toten, doch trug die spanische Seite den Sieg davon. König Ludwig XIV. reagierte darauf prompt mit einer Kriegsdrohung, wenn nicht der spanische Botschafter aus London abberufen und Frankreich am englischen Hof ein für alle Mal der Vorrang gewährt werde, was auch geschah.

Nicht nur bei europäischen Fürsten konnten Rangfragen zur Obsession ausarten. In Osborne House, der Sommerresidenz der Queen Victoria auf der Isle of Wight, gibt es einen Audienzraum im indischen Stil, den Durbar Room, mit zwei Eingangstüren. Diese waren notwendig geworden, weil zwei Maharadschas sich nicht einigen konnten, wer von ihnen den höheren Rang beanspruchen und damit zuerst vor Königin Victoria treten durfte. Auf diese Weise konnten beide zugleich vorgelassen werden.

Die Rangordnungen innerhalb des Adels sind kompliziert und innerhalb Europas von Land zu Land verschieden. Im Deutschen Reich von 1871 war die genaue Rangfolge der Bundesfürsten folgendermaßen festgelegt: Ganz oben standen der König von Preußen (bei dem erblich die Würde des Deutschen Kaisers lag), gefolgt von den Königen von Bayern, Sachsen und Württemberg. Es folgten die Großherzöge von Baden, Hessen, Mecklenburg-Schwerin, Sachsen-Weimar,

Hartmann Schedel zeigt in seiner »Weltchronik« von 1493 die Ständehierarchie im Heiligen Römischen Reich Deutscher Nation: Oben in der Mitte thront der Kaiser, zu seiner linken Seite die geistlichen Kurfürsten, rechts die weltlichen. Darunter folgen Herzöge, Markgrafen, Landgrafen, Burggrafen. Die unterste Reihe bilden Freie und Ritter.

Mecklenburg-Strelitz und Oldenburg. Nach den Großherzögen folgten die Herzöge von Braunschweig, Sachsen-Meiningen, Sachsen-Altenburg, Sachsen-Coburg und Gotha und Anhalt. Und schließlich die Fürsten Schwarzburg-Sondershausen, Schwarzburg-Rudolstadt, Waldeck, Reuß (ältere Linie), Reuss (jüngere Linie), Schaumburg-Lippe und Lippe.

Die sogenannten Standesherren, diejenigen Reichsgrafen und Reichsfürsten, die ihre Souveränität beim Ende des Heiligen Römischen Reiches 1806 verloren hatten, waren ihren neuen Landesherren vom Rang her ebenbürtig.

In England gibt es fünf Rangstufen des Hochadels, die bis zur jüngsten Parlamentsreform unter Tony Blair einen Sitz im Oberhaus, dem House of Lords, hatten. Die Rangstufen sind Duke (Herzog), Marquess (Markgraf), Earl (Graf), Vicount (»Vize-Graf«) und Baron. Zwischen dem niederen Adel, der »gentry«, und dem Hochadel, der »aristocracy«, gibt es noch die Baronets, die »kleinen Barone«. Die Rangfolge innerhalb der einzelnen Adelsklassen richtet sich nach dem Datum der »creation«, also der Schaffung des Titels durch den König. So ist der Duke of Norfolk der ranghöchste Duke, weil sein Herzogstitel der älteste ist. Das maßgebliche Nachschlagewerk zu Rangordnungen des britischen Adels ist seit über 200 Jahren »Debrett's Peerage & Baronetage«, mittlerweile in der 144. Auflage. Unter *www.debrett.co.uk* findet man amüsante Informationen über den englischen Adel, seine Hierarchie und über englische Etikette.

Das deutsche Pendant ist das »Genealogische Handbuch des Adels«, das dem legendären »Gotha« 1951 nachfolgte und beim C.A. Starcke-Verlag in Limburg an der Lahn erscheint *(www.starke-verlag.de)*. Es ist inzwischen auf über 130 Bände angewachsen und unterscheidet nach fürstlichen, gräflichen, freiherrlichen und adeligen Häusern. Die Fürstlichen Häuser sind in drei Abteilungen gegliedert: Die vornehmste Erste Abteilung enthält die jetzigen und einstigen regierenden europäischen Königs- und Fürstenhäuser, die Zweite Abteilung enthält die deutschen Standesherren, die Dritte Abteilung enthält europäische Fürstenhäuser, die niemals souverän waren, die sogenannten Titularfürsten. Ergänzend zum Genealogischen Handbuch erscheint das Adelslexikon im selben Verlag, von dem inzwischen 14 Bände vorliegen. Da es seit 1918 in Deutschland keine Heroldsämter mehr gibt, die über Rangfragen, Berechtigung zur Titelführung usw. entscheiden, hat sich ein Deutscher Adelsrechtsausschuss gebildet, der solche Fragen beantwortet. Familienrechtliche Fragen der Fürstlichen Häuser und der Standes-

Adlige Hierarchien werden auch durch die Form von Kronen kenntlich gemacht: die geschlossene Form kennzeichnet höheren Rang, wie bei der Königs- und der Fürstenkrone.

Nur den Angehörigen des Hochadels steht in England der erbliche Sitz im House of Lords, dem Oberhaus, zu. Das Parlamentsjahr eröffnet alljährlich die Königin.

herren beurteilt er jedoch nicht, da sich diese Familien nach ihren Hausgesetzen richten, es sei denn, er wird um Gutachten gebeten. *www.adelsrecht.de* ist die Internet-Adresse, unter der man hierzu mehr erfahren kann.

Der älteste erhaltene Erzherzogshut, die so genannte Steirische Krone, stammt aus dem 15. Jahrundert. Sie gehörte Kaiser Friedrich III.

Baron

Der aus dem Französischen stammende Titel (ursprünglich mit der Bedeutung »Lehnsmann«) ist seit dem 11. Jahrhundert in Frankreich die allgemeine Bezeichnung für einen Burgbesitzer. In England ist der Baron die niedrigste der fünf Rangstufen des Hochadels. Die meisten »echten« Barone im deutschsprachigen Bereich stammen aus dem deutsch-baltischen Adel oder aus der früheren Habsburgermonarchie. Sowohl in Nord- als auch in Süddeutschland werden Freiherren oft umgangssprachlich Baron genannt.

Erzherzog

Die Prinzen des österreichischen Hauses Habsburg führten bis 1918 den Titel Erzherzog. Der Titel entstand 1358, wurde aber erst 1453 unter dem Habsburgerkaiser Friedrich III. reichsrechtlich verbindlich. Bis 1806 hatten die Erzherzöge die Führung des Reichsfürstenrats im Reichstag inne. Sie standen damit in der Rangfolge unmittelbar hinter den Kurfürsten.

Freiherr

Der Freiherr war seit der Frühen Neuzeit im Heiligen Römischen Reich eine Rangstufe des niederen Adels. Zu ihr gehörten die im Mittelalter als »freie Herren« bezeichneten Adligen sowie die durch kaiserliches oder landesherrliches Diplom in den Freiherrenstand Erhobenen. Der Freiherr wurde seit dem 16. Jahrhundert und wird teilweise bis heute mit »Baron« angesprochen. Die Ehefrau heißt »Freifrau«. Die Reichsfreiherren waren im Alten Reich eine Art Miniatursouveräne, die formaljuristisch nur dem Kaiser untertan waren und die in ihren winzigen Territorien über die (niedere) Gerichtsbarkeit und andere Privilegien verfügten, aber keine volle Landeshoheit und Reichsstandschaft erreicht hatten, also nicht auf dem Reichstag in Regensburg repräsentiert waren. Außerhalb des Heiligen Römischen Reiches gab es keine Freiherren. Meist werden sie auf eine Stufe mit den Baronen in anderen europäischen Ländern gestellt.

Fürst

Heute gibt es in Europa noch zwei souveräne Fürstentümer, die auf Grund ihrer geographischen Lage und historischer Zufälle nicht von größeren Nachbarn »verschluckt« wurden: Liechtenstein als einzige deutschsprachige Monarchie sowie Monaco.

Der Begriff (althochdeutsch »furisto«, lat. »princeps«, der Erste) hat die gleiche Wurzel wie das englische Wort »first« und mehrere Bedeutungen: Einerseits steht er als Sammelbegriff für Mitglieder des Hochadels (mit »Fürsten« können also auch Herzöge, Könige und Kaiser gemeint sein), andererseits aber auch als Rangstufe des Hochadels: Der Fürst steht (im deutschsprachigen Raum) im Rang zwischen dem Herzog und dem Grafen. Viele, nicht alle deutschen Fürsten haben Anspruch auf die höfliche Anrede »Durchlaucht«. Der Titel ist heute Namensbestandteil. Einerseits sieht das deutsche Namensrecht den Titel »Fürst« nicht mehr vor, weshalb im Pass vieler adelsrechtlicher Fürsten »nur« Prinz steht. Andererseits haben bundesdeutsche Gerichte geurteilt, dass adelsrechtlich befugte Titelträger den Namen auch in ihre amtlichen Dokumente eintragen lassen dürfen, wenn der Titel allgemein von der ortsansässigen Bevöl-

Diese Seite aus dem Wappenbuch des Jörg Rugenn von 1495 zeigt in der Mitte das Wappen des sächsischen Kurfürsten, eingerahmt von Schilden mit den Wappen beherrschter Gebiete.

kerung akzeptiert und benutzt wird. Fürstin Gloria von Thurn und Taxis hat bestätigt, dass in ihrem Ausweis »nur« Prinzessin steht. Andere, vorwiegend ältere Fürsten haben den Titel tatsächlich in ihren Dokumenten stehen. Die Namensänderung des neuen Familienoberhauptes beim Tod des Vaters von »Prinz« zu »Fürst« hängt somit vom Wohlwollen der örtlichen Behörden ab.

Zu den sogenannten »altfürstlichen Häusern« gehörten die deutschen Dynastien, die seit dem Mittelalter Herrscher über die Stammesländer oder anderweitig bedeutender Territorien waren und dadurch Schlüsselstellungen im Reich innehatten: Die Habsburger, Hohenzollern, Wettiner, Wittelsbacher, Welfen und die Häuser Württemberg, Hessen, Baden, Meck-

Leopold Eduard Otto
Fürsten von Bismarck
Fürsten von Bismarck,
Wir verleihen dem nunmehrigen
Fürsten von Bismarck
Zu dessen mehrerem Zeugniß haben Wir dem
Fürsten
Leopold Eduard Otto von Bismarck

Bis 1918 besaßen die Monarchen des Deutschen Bundes bzw. des Deutschen Reiches das Recht, Personen zu adeln. Mit dieser Urkunde erhob Wilhelm I. 1871 Reichskanzler Otto von Bismarck in den Fürstenstand.

lenburg, Holstein, Oldenburg und Anhalt. Seit dem Ende des Dreißigjährigen Krieges fanden zahlreiche Neuaufnahmen verschiedener Geschlechter in den Fürstenstand statt, welche die Bezeichnung »neufürstliche Häuser« erhielten. Die meisten der neufürstlichen Häuser wurden im Zuge der Auflösung des Heiligen Römischen Reiches Opfer der »Mediatisierung«, das heißt ihre mächtigeren fürstlichen Nachbarn verleibten sich ihre Territorien ein. Die mediatisierten Fürsten erhielten die Bezeichnung »Standesherren«, damit waren sie vom Rang her den nach 1815 noch regierenden Fürstenhäusern gleichgestellt, Heiraten zwischen regierenden Häusern und Standesherren galten als ebenbürtig. Bis 1918 besaßen die Monarchen des deutschen Bundes bzw. des Deutschen Reiches von 1870/71 das Recht, Personen in den Fürstenstand zu erheben, so wie etwa Reichskanzler Otto von Bismarck 1871 Fürst wurde.

Königin Elizabeth krönt 1969 ihren ältesten Sohn Charles zum »Prince of Wales«. Diesen Titel, in der korrekten Übersetzung »Fürst von Wales«, trägt traditionell der englische Thronfolger.

Fürsten gab bzw. gibt es auch in anderen Ländern, etwa in Italien, Frankreich und Russland. In den romanischen Sprachen und im Englischen leitet sich der Titel aus dem Lateinischen her, ist aber nicht zu verwechseln mit dem Titel »Prinz«: ital. »principe«, franz. »prince«. Auch den englischen Titel »Prince of Wales« für den Thronfolger muss man korrekterweise mit »Fürst von Wales«, nicht »Prinz von Wales« übersetzen.

Graf

Markgrafen und Landgrafen stehen im Rang weit über gewöhnlichen Grafen. Der Landgraf von Hessen und der Markgraf von Baden gehören zu den höchsten deutschen Adligen und haben Anspruch auf die Anrede »Königliche Hoheit.« Unter Ihnen steht eine sehr kleine Gruppe ehemaliger reichsunmittelbarer Grafen wie die Grafen von Schönborn oder von Erbach, die Anrecht auf die Anrede »Erlaucht« haben. Diese »erlauchten Grafen« findet man im Handbuch der Fürstlichen Häuser in der Zweiten Abteilung, nicht im Handbuch der Gräflichen Häuser. Sie stehen im Rang also höher als Fürsten aus der Dritten Abteilung der Fürstlichen Häuser. Darunter rangieren die »landsässigen Grafen«, die nicht reichsunmittelbar waren oder ihre Reichstandschaft verloren haben, und einem Teritorialherren wie etwa dem bayerischen oder sächsischen Kurfürsten unterstanden. Aus den Reihen der katholischen Grafen sind zahlreiche geistliche Kurfürsten oder Fürstbischöfe hervorgegangen, die Bedeutendes zum kulturellen Erbe Deutschlands beigetragen haben.

Großfürst

Dies ist ein alter russischer Herrschertitel, der von den Fürsten von Kiew, Wladimir, Susdal und Moskau seit dem frühen Mittelalter benutzt wurde. Nach der Annahme des Zarentitels 1547 und des Kaisertitels 1721 behielt der russische Herrscher den Titel bei. Ab 1886 nannten sich auch die nicht regierenden männlichen Mitglieder des russischen Kaiserhauses Großfürst.

Großfürsten nannten sich seit dem 14. Jahrhundert auch die Herrscher von Litauen. Nach der Vereinigung Litauens mit Polen 1569 wurde der Titel Bestandteil des polnischen Königstitels. Nach der dritten polnischen Teilung 1795 ging er auf den russischen Kaiser über, der seit 1809 zudem den Titel Großfürst von Finnland führte. Die Habsburger führten seit 1765 den Titel Großfürst von Siebenbürgen.

Großherzog

Jean-Claude Juncker, Regierungschef von Luxemburg, antwortet auf die Frage, was der Vertreter eines Kleinstaates von der Integration Europas halte, dazu könne er nichts sagen, er stamme ja aus einem Großherzog-

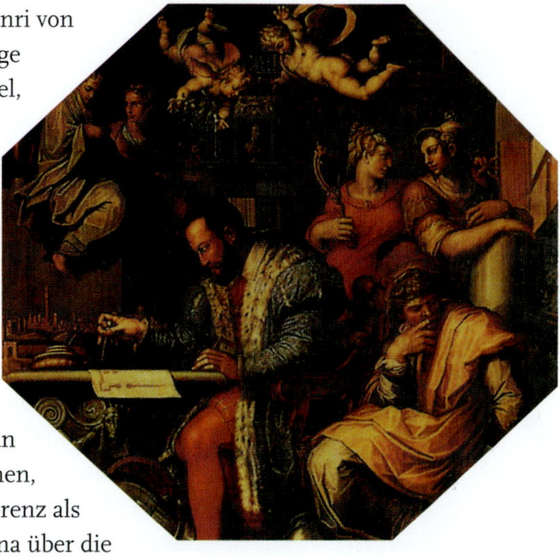

tum. Sein Staatschef Henri von Luxemburg ist der einzige Monarch, der diesen Titel, im Rang zwischen König und Herzog, heute noch führt. Großherzöge werden mit »Königliche Hoheit« angeredet. Der Titel ist vergleichsweise jungen Datums. Er wurde zum ersten Mal 1569 von Papst Pius V. an Cosimo I. Medici verliehen, um die Herzöge von Florenz als Großherzöge von Toskana über die anderen Herzöge Italiens zu erheben. In der napoleonischen Ära wurden neue, teilweise sehr kurzlebige Großherzogtümer kreiert: Jean Murat wurde Großherzog von Berg, der Landgraf von Hessen-Darmstadt und der Kurfürst von Baden erhielten als Verbündete Napoleons die Rangerhöhung, und der ehemalige Großherzog von Toskana, Ferdinand III., wurde Großherzog von Würzburg. 1810 wurde Fürstprimas Karl Theodor von Dalberg Großherzog von Frankfurt. Auf dem Wiener Kongress 1815 erhielten die Herzöge von Sachsen-Weimar-Eisenach, Mecklenburg-Schwerin, Mecklenburg-Strelitz und Oldenburg den Titel. Wie Baden und Hessen blieben diese Großherzogtümer bis 1918 Gliedstaaten des Deutschen Reiches.

Erster Träger des Titels »Großherzog« war der Florentiner Cosimo I. Medici.

Herzog

Der Herzogstitel (lat. »dux«) ist sehr alt und bedeutet »Heerführer«. Geschichtslehrer pflegten zu sagen: Der Herzog ist der, der »vor dem Heer herzog«. Das alte fränkisch-deutsche Königtum stützte sich auf die Stammesherzogtümer Franken, Sachsen, Bayern, Schwaben und Lothringen. Aus der lateinischen Sprachwurzel leiten sich der französische »Duc« und der englische »Duke«, der italienische »Duca«, der

Von lat. »dux«, Heerführer, leiten sich Titel ab wie Duc, Duke oder auch Doge. Giovanni Bellini porträtierte den Dogen Leonardo Loredan um 1501.

Doge von Venedig, selbst Mussolinis Titel »Duce« her. Der Rang ist sehr hoch, im mittelalterlichen Frankreich und England stehen die Herzöge direkt unter dem König. Nach der Titelinflation der nachfolgenden Jahrhunderte ist im Deutschen Reich von 1871 der Herzog nur noch der zweitniedrigste Rang der Bundesfürsten, nach Kaiser, Königen und Großherzögen und vor den Fürsten. Bis 1918 bestanden die Herzogtümer Anhalt, Braunschweig, Sachsen-Altenburg, Sachsen-Coburg und Gotha sowie Sachsen-Meiningen. Die Anrede war »Hoheit.« Heute ist der Titel Namensbestandteil einiger bzw. aller Mitglieder der Häuser Bayern, Württemberg, Sachsen, Oldenburg und Mecklenburg.

Kaiser

Der Kaisertitel ist der ranghöchste Adelstitel. Vom Anspruch her ist er ein universeller Titel, obwohl niemals ein Kaiserreich bestand, dessen Herrscher sich rühmen konnte, dass ihm der ganze bekannte Erdkreis untertan sei. Außerdem verband sich mit ihm der Anspruch, als Beauftragter Gottes oder gar als gottgleiche Figur zu herrschen. Gegenüber dem Königtum besitzt das Kaisertum keine weiteren Herrschaftsrechte, aber einen Vorrang an Würde und Hoheit (»dignitas«). Das Kaisertum entstand zur Zeit, als das Römische Reich seine größte Machtausdehnung erlangte. Das deutsche Wort stammt vom lateinischen »caesar«, von dem sich auch der russische Kaisertitel »Zar« und der persische »Schah« ableiten. Als erster römischer Kaiser und Begründer des julisch-claudischen Kaiserhauses gilt jedoch nicht der mit diktatorischen Vollmachten ausgestattete Feldherr Gaius Julius Caesar (100 – 44 v. Chr.), sondern dessen Neffe Oktavian, der sich den Beinamen Augustus (der »Göttliche«) zulegte (reg. 37

v. Chr. – 14 n. Chr.). Die römischen Kaiser trugen den Titel Imperator (Feldherr), von dem sich auch der französische »Empereur« und der englische »Emperor« als Kaisertitel ableiten. In der Spätphase des durch die Völkerwanderung bedrohten Römischen Reiches gab es mehrere Kaiser bzw. Mitkaiser gleichzeitig. Das Weströmische Kaiserreich mit der Hauptstadt Rom existierte bis 476, das Oströmische mit der Hauptstadt Konstantinopel (davor Byzanz, heute Istanbul) bestand noch ein Jahrtausend länger, bis es 1453 von den Türken erobert wurde.

In Westeuropa ließ sich der Frankenkönig Karl der Große am Weihnachtstag 800 vom Papst in der Peterskirche in Rom zum Kaiser krönen. Die Zeitgenossen betrachteten dies als Wiederherstellung des Römischen Reiches (»Renovatio Imperii«). Aus dem westlichen Teil des Frankenreiches entwickelten sich Frankreich, aus dem östlichen, dem heutigen Deutschland, das »Heilige Römische Reich«, später mit dem Zusatz »deutscher Nation.« Die deutschen Könige trugen seit dem Sachsen Otto dem Großen (reg. 936–973) den Titel Römischer Kaiser. Bis in das 16. Jahrhundert hinein gehörte dazu die Salbung und Krönung durch den Papst in Rom. Das römisch-deutsche Kaisertum bestand bis 1806, als der Habsburger Franz II. die Kaiserkrone auf Druck Napoleons niederlegte. Bereits seit 1804 nannte er sich Kaiser von Österreich. Dies war eine Reaktion auf die Selbstkrönung Napoleons zum Kaiser der Franzosen. Napoleons Kaisertum bestand bis 1814/15. Von 1852 bis 1870 war Frankreich erneut Kaiserreich unter Napoleon III. Das österreichische Kaisertum bestand bis zum Ende der Donaumonarchie 1918. Im Deutsch-Französischen Krieg wurde König Wilhelm I. von Preußen 1871 im Spiegelsaal von Versailles zum Deutschen Kaiser ausgerufen. Das von Bismarck zusammengeschmiedete Deutsche Kaiserreich endete 1918. Die Moskauer Großfürsten sahen ihr Reich als

Eine Kamee aus Sardonyx mit dem Porträt des Augustus, der als erster römischer Kaiser gilt.

Heute führt nur noch der japanische Tenno den Kaisertitel. Kronprinz Naruhito (hier mit seiner Frau, Prinzessin Masako) ist der Thronerbe.

»Drittes Rom« und wählten den Zarentitel, seit Peter dem Großen (1721) auch den Kaisertitel. Der letzte Zar Nikolaus II. wurde mit seiner Familie 1917 ermordet.

Queen Victoria war seit 1876 Kaiserin von Indien, ein Titel, den der englische König bis zur Unabhängigkeit Indiens 1947 innehatte. Auch außerhalb Europas bestanden im 19. Jh. kurzlebige Kaiserreiche, in denen aus Europa importierte Herrscher regierten, so in Brasilien und Mexiko. Außereuropäische Kaiserreiche mit eigener dynastischer Tradition waren bis ins 20. Jahrhundert China, Japan, Persien und Äthiopien. Das Kaisertum endete in China 1912, in Äthiopien 1974, in Persien 1976. Heute führt nur noch der japanische Tenno den Kaisertitel.

König

In Europa gibt es derzeit sieben Königreiche. Die Dänen sind überzeugt, dass ihre Monarchie die älteste ist, gefolgt von der englischen. Für den eher unwahrscheinlichen Fall, mit einem König oder einer Königin ins Gespräch zu kommen: Die korrekte Anrede ist »Majestät.« Andere Mitglieder eines Königshauses spricht man mit »Königliche Hoheit« an. Der König (althochdeutsch »kuning«, eigentlich »Mann aus vornehmen Geschlecht«, lat. »rex«) ist nach dem Kaiser der ranghöchste Monarch.

Das Königtum gab es zu allen Zeiten, so in den altorientalischen Kulturen, den griechischen Stadtstaaten, bei den Etruskern und im frühen Rom. Bei den Germanen entstammte der König der sich durch besonderes »Heil« auszeichnenden Königssippe, die ihre Abstammung auf die Götter zurückführte. Im Heerkönigtum der zur Zeit der Völkerwanderung wurde der König aus den vornehmsten Familien vom Volk gewählt. Im Frankenreich der Karolinger trat zum Königtum noch der römische Amtsgedanke und das Gottesgnadentum, das durch die Salbung symbolisiert wurde. Auf die Salbung folgte der weltliche Akt der Krönung. Im Mittelalter war das Königtum ein Reisekönigtum, das die persönliche Anwesenheit des Königs bei der Rechtsprechung und Entscheidung über Krieg und Frieden erforderte.

Königswahl Heinrichs VII. in Frankfurt 1308 und Krönung in Aachen 1309. Aus der Bilderchronik des »Codex Balduini«.

Im Unterschied zum Erbkönigtum in Frankreich, England, Spanien, Portugal, Schweden, Norwegen, Dänemark, Böhmen und Ungarn blieb das Königtum im Regnum Teutonicum/Heiligen Römischen Reich formal bis 1806 ein Wahlkönigtum, doch hatten von 1440 bis 1806 mit einer Ausnahme stets Mitglieder des Hauses Habsburg die deutsche Königswürde inne. Seit der deutsche König Otto I. erstmals die römische Kaiserwürde erlangte, besaßen seine Nachfolger die Anwartschaft auf die Kaiserkrone, die sie jedoch erst mit ihrer Romfahrt erlangten. Seit 1508 bzw. 1556 nannten sich die deutschen Könige auch ohne päpstliche Krönung Kaiser.

1701 krönte sich der Kurfürst von Brandenburg zum König in Preußen. Napoleon erhob 1806 die Kurfürsten von Bayern, Sachsen und Württemberg zu Königen, 1815 wurden Hannover und die Niederlande Königreiche. Der König von Hannover verlor 1866 seinen Thron an Preußen. Der König von Preußen wurde 1871 Deutscher Kaiser. Mit dem Ende der Monarchien 1918 stürzten die vier deutschen Könige. Das Königreich der Belgier entstand erst 1830 als Abspaltung der Niederlande. Auch anderswo in Europa entstanden im 19. und frühen 20. Jahrhundert noch Königreiche, die keinen Bestand hatten, so in Griechenland, Italien, Rumänien, Bulgarien, Jugoslawien und Albanien.

Kurfürst

Die ursprünglich sieben, ab dem 17. Jahrhundert neun Kurfürsten waren die höchsten Reichsfürsten, die im Heiligen Römischen Reich vom späten 12. Jahrhundert bis zum Ende des Reiches 1806 das Recht zur Königswahl besaßen: Sie »kürten« den römisch-deutschen König. Ausdrücklich verbrieft wurde ihnen dieses Privileg 1356 in der Goldenen Bulle. Auf Latein hießen sie »Electores«, also Wahlmänner. Es waren die drei »geistlichen Kurfürsten«, die Erzbischöfe von Mainz, Köln und Trier, sowie die vier »weltlichen Kurfürsten«, der König von Böhmen, der Markgraf von Brandenburg, der Pfalzgraf bei Rhein und der Herzog von

Sachsen. 1623 wurde die pfälzische Kur auf Bayern übertragen, 1648 eine achte Kur für die Pfalz geschaffen. 1692 ging die neunte an das Haus Hannover. Bei der Wahl Rudolfs I. von Habsburg zum deutschen König 1273 traten die Kurfürsten erstmals als geschlossener Wahlkörper auf. Die Kurfürsten trafen sich zur Königswahl in Frankfurt a. M. Im Immerwährenden Reichstag in Regensburg bildeten sie ein eigenes Kollegium. Der Erzbischof von Mainz als Erzkanzler des Reiches stand in der Rangfolge gleich hinter dem Kaiser. Ihm oblag das Recht, gemeinsam mit dem Erzbischof von Köln den deutschen König zu krönen. Das Kurfürsten-Ornat bestand aus einem dunkelroten, hermelinverbrämten Mantel und einer Mütze mit Hermelinumrandung (Kurhut). Als das Heilige Römische Reich im Untergang war, fand eine Umverteilung statt: Die linksrheinischen Kurwürden von Trier und Köln wurden 1803 aufgehoben, die von Mainz auf Regensburg-Aschaffenburg übertragen. Neugeschaffen wurden die Kurfürstentümer Salzburg (1805 auf Würzburg übertragen), Württemberg, Baden und Hessen-Kassel. Nach 1806 führte nur das Haus Hessen-Kassel den bedeutungslos gewordenen Titel bis zur Annexion Kurhessens 1866 fort.

Der »Große Kurfürst«, Friedrich Wilhelm von Brandenburg, im hermelinbesetzten Kurmantel. Sein Sohn präsentiert den Kurhut.

Prinz

Prinzen sind im allgemeinen nicht regierende Mitglieder eines Königs- oder Fürstenhauses, es sei denn, sie üben als »Prinzregenten« wie Luitpold von Bayern oder wie der Prince Regent, der spätere König Georg IV. von England, stellvertretend für den regierungsunfähigen König die Regierungsgeschäfte aus. Kronprinzen sind die Thronfolger in Königreichen. Sie haben teilweise besondere Titel wie der »Dauphin« in Frankreich, der »Prince of Wales« (eigentlich Fürst von Wales) in England oder der Prinz von Asturien in Spanien. Erbprinzen sind die Thronfolger in Fürstentümern, wie etwa Albert von Monaco. Heiratet ein König, wird seine Frau, wenn sie »ebenbürtig« ist, Königin. Heiratet hingegen eine Königin, wird ihr Mann fast nie König. Er wird, wenn er es nicht schon ist, Prinz oder maximal Prinzgemahl. Der Titel Prinz ist heute der am weitesten verbreitete im deutschen Hochadel. Betrachtet man die einzelnen Familien, so gibt es wenige Regeln und viele Ausnahmen: Die Chefs der Häuser Preußen und Hannover etwa führen »nur« den Titel Prinz, ebenso aber alle »titelberechtigten« Familienmitglieder. Im Hause Hessen führt der Chef des Hauses den Titel Landgraf, die übrigen Familienmitglieder sind Prinzen. Im Hause Bayern sind der Chef der königlichen Linie »Herzog von Bayern«, der Chef der herzoglichen Linie »Herzog in Bayern«, alle übrigen Mitglieder sind Prinzen. Im königlichen Haus Württemberg hingegen sind der Chef sowie alle »titelberechtigten« Namensträger Herzöge, Prinzen gibt es gar nicht, ebensowenig wie in den ehemals großherzoglichen Häusern Oldenburg und Mecklenburg, wo alle Namensträger ebenfalls Herzöge sind. In den fürstlichen Häusern sind die Mitglieder außer dem Chef (teilweise auch der) meist Prinzen, aber auch nicht immer, wie etwa im Hause Waldburg, wo diejenigen, die anderswo Prinzen sind, Grafen sind.

Ritter

Im deutschen Sprachgebiet gab es den Ritter als Adelstitel nur in der Donaumonarchie und in Bayern. Er stellte die zweite Stufe des Niederen Adels, zwischen dem Edlen (in Österreich) bzw. dem unbetitelten Adligen (in Bayern) und dem Freiherrn. Die Ritterklasse war nicht einheitlich, da es erbliche und personaladlige Ritter (Ordensritter) gab. Der Ritter gehört zum Niederen Adel und entspricht dem niederen englischen Adel des »Knight.«

Ein Kapitel Etikette: Anreden in Gespräch und Schriftverkehr

Der »Duden« bestimmt die Rechtschreibung. Ein allgemein verbindliches »Lehrbuch für den Adel« hat es dagegen nie gegeben, also auch keine festen Regeln der Etikette. Es gibt regionale Unterschiede, auch die Protokollabteilungen der Landesregierungen wahren unterschiedliche Gepflogenheiten. Manches bleibt eine Frage der persönlichen Überzeugung, und innerhalb des Adels sind Auffassungen zu Etikettefragen oft eine Generationenfrage. Solange man seinem adligen Gesprächspartner die jedem Menschen gegenüber zu wahrende Höflichkeit entgegenbringt, wird er einem (fast) jeden Formfehler verzeihen. Dennoch kann man einiges Grundsätzliche lernen – es ist immer nützlich, die wichtigsten »Spielregeln« zu beherrschen.

Michael Schumacher begrüßt beim »Großen Preis von Spanien« in Barcelona den spanischen König – korrekterweise mit der Anrede »Majestät«.

Adlige stellen sich untereinander nicht mit Adelstitel und Adelsprädikat vor, sondern nennen nur Vor- und Familiennamen, also zum Beispiel »Kuno Felsbrocken«, wenn im Pass »Kuno Graf von Felsbrocken« steht. Man vertraut darauf, dass der Gesprächspartner schon weiß, mit wem er's zu tun hat. Diese Praxis behalten Adlige oft auch gegenüber Nichtadligen bei, um diese nicht durch Titel zu verschrecken oder vordergründig zu beeindrucken. Johannes Baron v. Mirbach hingegen empfiehlt in seinem Buch »Adelsnamen, Adelstitel – Wie macht man's richtig« den Adligen, sich mit vollem Namen vorzustellen, besonders, wenn man anschließend mit »Graf Felsbrocken« und nicht mit »Herr Felsbrocken« angeredet werden möchte. Umgekehrt empfiehlt er mit common sense: »Als Nicht-Adeliger gebe man am Anfang eines Gespräches dem Adeligen einmal zu erkennen, dass man den vollen Namen (also mit ehemaligem Adelstitel) kennt, und dann rede man den Herrn bzw. die Dame nur noch mit »Herr v.« bzw.- »Frau v.« an. Das reicht im Alltagsleben allemal, um weder provozierend noch ignorierend zu wirken.«

Vermeiden sollte man die Anreden »Herr Baron« oder »Herr Graf«, das klingt zu unterwürfig und wird nur vom Dienstpersonal praktiziert. Stattdessen also: »Baron X« oder »Graf X«.

Im Adel wird sich viel geduzt, weil man ja meist irgendwie miteinander verwandt ist. Im Erfinden von aparten bis infantilen Spitznamen zeigt sich der Adel meist kreativer als das Bürgertum. So etwa in der Fürstenfamilie Reuss, wo alle männlichen Mitglieder »Heinrich« heißen, mit fortlaufender Nummer bis 99. Auf die Frage, wie man auf einem Familientreffen denn die Herren unterscheide, sagt ein Prinz Heinrich Reuss: »Das ist kein Problem, wir haben alle Spitznamen.«

Die traditionellen Anredeformen für Mitglieder des Hochadels sind nicht fester Namensbestandteil. Sie zu benutzen ist also eine Frage der Höflichkeit, der persönlichen Einstellung und des Taktgefühls. Oft wird es aber erwartet. Mit den Anreden verhält es sich wie mit den Titeln: Entweder haben alle Familienmitglieder Anspruch auf die selbe Anrede, oder aber der Chef des Hauses (und manchmal auch der designierte Erbe) werden mit einer ranghöheren Anredeform bedacht. Generell gilt, dass die Chefs der Häuser, die meist eine größere Zahl von Mitarbeitern haben und noch oft in ihrer Region eine halböffentliche Position einnehmen, es gewohnt sind, mit der traditionellen Anrede angesprochen zu werden. Andere Familienmitglieder, die sich in bürgerlichen Brotberufen bewähren, sind weniger gewohnt, mit »Königliche Hoheit« oder »Durchlaucht« angeredet zu werden. In Süddeutschland ist man konservativer als in Norddeutschland, und in ländlichen Gebieten konservativer als in Großstädten. Ein 80jähriger Prinz erwartet naturgemäß eher die formelle Anrede als ein 25jähriger. Man gewinnt auch den Eindruck, dass der katholische Hochadel ettikettebewusster ist als der protestantische.

Um die Sache nicht komplizierter zu machen als sie ist: Es gibt in Deutschland im Prinzip nur vier Anredeformen für Mitglieder des Hochadels, deren man sich bedienen kann, um Höflichkeit zum Ausdruck zu bringen oder zu zeigen, dass man die »Spielregeln« kennt.

1. Königliche Hoheit
2. Hoheit
3. Durchlaucht
4. Erlaucht

Das Prädikat »Königliche Hoheit« steht Mitgliedern der Familien zu, die ehemals die fünf deutschen Königreiche regiert haben, also Preußen, Bayern, Sachsen, Württemberg und Hannover. In allen Fällen steht diese Anrede nicht nur den Familienchefs, sondern auch den Nachgeborenen zu. Der junge Chef des Hauses Preußen, Prinz Georg Friedrich, verzichtet auf die für ihn denkbare Anrede »Kaiserliche Hoheit«, mit der

Anreden im Schriftverkehr

Es gilt als vornehm und zeigt, dass man die Spielregeln kennt, wenn man in der Briefanschrift dem Namen die Höflichkeitsanrede abgekürzt vorweg stellt. S. M. steht dabei nicht für irgendwelche Gesellschaftsspiele, sondern für »Seine Majestät«. In dem eher unwahrscheinlichen Fall, einem König zu schreiben, hieße das also:
S. M. dem König
Ferdinand XXV. von Ruritanien
Schloss Bretzelburg

S. K. H. = Seine Königliche Hoheit
S. H. = Seine Hoheit
S. D. = Seine Durchlaucht
S. E. = Seine Erlaucht
(S. H. ist auch die Abkürzung für »Seine Hochwohlgeboren«, was in Süddeutschland dem Namen eines niedrigen Adeligen in der Briefform vorangestellt wird. Als Anrede existiert es nicht mehr. S. E. steht auch für »Seine Exzellenz«, die etwa ausländischen Botschaftern zusteht. Doch da sich die Wege von Diplomaten der Berliner Republik und von Grafen auf süddeutschen Jagdgesellschaften bislang kaum kreuzen, besteht wohl wenig Verwechslungsgefahr. Im übrigen hat man sich in Berlin nach anfänglicher Stilunsicherheit entschieden, einen Botschafter mit »Herr Botschafter« anzureden – alles andere erscheint der neuen Hauptstadtmelange zu verzopft.)

Schreibt man den Gattinnen, so heißt es entsprechend:
I. K. H., I. H., I. D., I. E., geht die Post an beide, so heißt es I. I. K. K. H. H. = Ihre Königlichen Hoheiten, etc.

Der Hofknicks gehört nach wie vor zum höfischen Zeremoniell; hier begrüßt Prinzessin Märtha Louise von Norwegen die englische Königin.

noch sein Großvater und Vorgänger Prinz Louis Ferdinand angeredet wurde – mit der nicht unbedingt logischen, aber liebenswürdigen Begründung, der Großvater sei noch zu Zeiten des Kaiserreiches geboren worden. Doch mit Logik kommt man hier meist nicht weiter. Denn über die angesprochenen Familien hinaus haben auch einige andere, etwa die Mitglieder der Häuser Hessen, Baden oder Oldenburg, Anspruch auf die Anrede »Königliche Hoheit« – obwohl es nie ein Königreich Hessen, Baden oder Oldenburg gegeben hat. Übrigens spricht man auch die Mitglieder der großherzoglichen Familie von Luxemburg mit »Königliche Hoheit« an.

Der Titel »Hoheit« ist vom Rang her niedriger einzustufen. Der Prinz von Schleswig-Holstein hat zum Beispiel darauf Anspruch, ebenso der Fürst von Hohenzollern. Während ersterer tatsächlich von den Honoratioren vor Ort so tituliert wird, wird der Chef des Hauses Schleswig-Holstein meist mit norddeutschem Understatement »Prinz Holstein« angeredet. Er selbst hat damit nach eigenen Angaben kein Problem.

Den Titel »Durchlaucht« führen die Chefs und meist, aber nicht immer, die nachgeborenen Mitglieder der Familien, die bis 1918 in Fürstentümern regiert haben, also etwa die Familien Schaumburg-Lippe oder Lippe-Detmold (in beiden Häusern gibt es sogar die pompöse Sonderform »Hochfürstliche Durchlaucht«) und diejenigen, die bis zum Ende des Heiligen Römischen Reiches 1806 souveräne Fürstenhäuser waren, also etwa die Fürsten Fürstenberg, Hohenlohe, Isenburg, Leiningen, Oettingen, Sayn-Wittgenstein, Salm, Thurn und Taxis, Waldburg und Wied. Der einzige regierende deutsche Monarch, Fürst Hans-Adam II. von und zu Liechtenstein, wird ebenfalls mit »Durchlaucht« angesprochen.

Der nicht allzu häufige Titel »Erlaucht« steht den »erlauchten Grafen« zu, denjenigen Grafenhäusern, die vor 1806 souveräne Reichsgrafen waren, etwa den

Häusern Erbach, Königsegg-Aulendorf, Schönborn, Schönburg und Toerring-Jettenbach.

Um sicher zu gehen, dass man im Gespräch und im Brief die richtige Anrede wählt, informiere man sich telefonisch in den Sekretariaten des jeweiligen Fürstenhauses – dort ist man diese Frage gewohnt – oder schlage im »Genealogischen Handbuch des Adels« – Fürstliche Häuser, Abteilung I. und II. nach. Dort wird auch auf den Deutschen Adelsrechtsausschuss verwiesen, der über namensrechtliche Fragen entscheidet.

Ein Mitglied des österreichischen Erzhauses kann man mit »Kaiserliche Hoheit« ansprechen. Einen Erzherzog im Gespräch mit »Kaiserliche und Königliche Hoheit« anzusprechen, zeugt dagegen von monarchistischem Übereifer. Selbst zu Zeiten der k.u.k. Doppelmonarchie gestatteten die sonst dem Hofzeremoniell blind ergebenen Erzherzöge die »Kurzform« – befand man sich doch immer nur in der einen oder der anderen Reichshälfte.

In der Republik Österreich sind bekanntlich Adelstitel verfassungsrechtlich abgeschafft, was die Wiener Gesellschaft anspornt, ihrer Liebe zu wohlklingenden Adelstiteln und Prädikaten im Gespräch Ausdruck zu verleihen, so wie sie das ja auch mit akademischen Graden und bedeutungsvollen Berufsbezeichnungen tut.

Den Anspruch auf den Titel »Majestät« haben nur regierende Könige und Königinnen (nicht aber die Prinzgemahle von Königinnen – soweit geht die Gleichberechtigung des Mannes noch nicht). Auch abgedankte oder exilierte Könige wie die von Griechenland, Rumänien oder Bulgarien spricht man höflicherweise mit »Majestät« an. Die Thronfolger werden nach dem Tod des Vaters nicht König. Die Titel »König« und »Kaiser« sind Amtstitel, das heißt immer mit einem tatsächlich regierten König- oder Kaiserreich verbunden, doch auch hier hat es Ausnahmen gegeben: So ließ sich Ludwig XVIII., der Bruder Ludwigs XVI., 1795 im Exil zum König von Frankreich ausrufen, obgleich die Aussicht auf die tatsächliche Amtsübernahme damals denkbar gering war.

Stammbaum Karls V., mit dem thronenden Kaiser selbst an der Spitze.

Wie alt ist der alte Adel?

»Alle Familien sind gleich alt – manche haben nur eine bessere Buchführung hinterlassen«, hat der Philosoph Bertrand Russell, selbst aus englischem Adel stammend, seinen ahnenstolzen Standesgenossen lakonisch ins Stammbuch geschrieben. Also anders gefragt: Wie sieht es mit der Buchführung aus und wann setzt sie ein? Unabhängig davon, ob man mit Karl Marx glaubt, die Menschheit habe als »klassenlose Urgesellschaft« begonnen oder sich von Anbeginn in ausgeprägten Hierarchien entwickelt, muss man feststellen, dass überall dort, wo die Schriftquellen einsetzen, eine nach »unten« abgeschlossene Herrenschicht, eine Kriegerkaste, die ihre Herrschaftsrechte verteidigt, unter ihresgleichen heiratet sowie ihr Vermögen und ihre Privilegien vererbt, bereits existiert.

Bereits im hohen Mittelalter ließen sich Herrscher wie Kaiser Karl IV. oder die Könige von Frankreich von ihren Hofgenealogen parallel weltliche und geistige Stammbäume anfertigen, die lückenlos bis zum Anbeginn der Zeiten reichten: Weltliche Stammbäume führten zurück auf römische Kaiser bis Julius Caesar und über diesen zu den Trojanern und zur antiken Götterwelt, geistliche haarscharf an Jesus Christus vorbei zu König Salomon und König David, und von diesen direkt zu Adam und Eva. Ein einfaches Unterfangen: Es galt, sich in Ahnenreihen »einzuklinken«, die bereits von Büchern mit unbestrittener Autorität wie der Bibel oder den antiken Schriftstellern aufgestellt worden waren. Das einzige Problem: Leider klafften dabei oft Jahrhunderte lange Zwischenräume, für die es keinen einzigen Schriftbeleg gab, so dass man sich kurzerhand mit der Erfindung von Vorfahren helfen musste.

Dieses Verfahren, »invention of tradition«, wie es der Historiker Eric Hobsbawn genannt hat, hat noch manchen Heimatforscher im 19. Jahrhundert beflügelt. Als besonders prestigeträchtiger Ahnherr galt allen europäischen Herrscherhäusern der Frankenkönig Karl der Große, der Weihnachten 800 vom Papst in Rom zum Römischen Kaiser gekrönt worden war. In den slawischen Sprachen leitet sich sogar das Wort für König (poln. »krúl«, tschech. »krol«) von Karl dem Großen ab. Eine Abstammung von ihm in rein männlicher Linie konnte aber bereits im hohen Mittelalter kein Herrscherhaus mehr nachweisen. So wurde einigen nur schemenhaft bekannten karolingischen Töchtern, Nichten oder Enkeltöchtern die Ehre zuteil, von den Genealogen als »missing link« zu ihren erlauchten Auftraggebern ausfindig gemacht zu werden.

In den »dark ages«, also in den drei Jahrhunderten von der Völkerwanderung und dem Untergang des weströmischen Reiches bis hin in die karolingische Zeit verschwinden Schriftlichkeit und Archivierung von Schriftgut in Westeuropa so weitgehend, dass diese Epoche einen unüberwindlichen Graben darstellt, um seine Ahnen weiter zurückzuverfolgen. Selbst die ältesten heute noch existierenden römischen Adelsfamilien wie die Colonna können sich keineswegs vom antiken römischen Patriziat herleiten. Es klafft eine Lücke von Jahrhunderten bis in römische Zeit.

Im europäischen Vergleich sind die deutschen Adelshäuser die »ältesten«. Als ältestes europäisches Herrschaftshaus gelten die Welfen, deren Oberhaupt Prinz Ernst August von Hannover ist. Die beiden ältesten noch existierenden Monarchien sind die englische und die dänische. Sowohl Elizabeth II. als auch Margrethe II. stammen von den frühesten Königen ihrer Länder ab. Zahlreiche heute noch existierende Familien des deutschen Hochadels werden im 11. Jahrhundert erstmals erwähnt, als sich parallel ein Ausbau von Herrschaftsstrukturen und eine Zunahme schriftlich fixierter Rechtsakte, des Urkundenwesens, vollzieht. Auffällig ist, dass die Ursprünge zahlreicher Familien

Prestigeträchtigster Ahnherr für alle europäischen Herrscherhäuser: Karl der Große.

Die älteste Ahnenreihe

Die älteste, einigermaßen lückenlos dokumentierbare »Ahnenreihe« einer Monarchie besitzt das Papsttum – natürlich im Sinne von apostolischer Sukzession, nicht von Blutsverwandtschaft. Zumindest die Namen, aber auch so gut wie alle Regierungsdaten sämtlicher Nachfolger des heiligen Petrus sind dokumentiert. Unerwünschte Gegenpäpste oder gar die legendäre »Päpstin« werden dabei gern unter den Teppich gekehrt. Ähnlich lückenlose Namensfolgen finden sich noch in einigen Bischofs- und Abtsreihen, denn nur in den Schreibstuben der Domkapitel und Klöster hatte sich Schriftlichkeit bewahrt.

im deutschen Südwesten liegen: Welfen, Habsburger, Hohenzollern, Zähringer, Württemberger, Fürstenberger und andere stammen aus dieser Region.

Der Begriff »Uradel« hat sich unter deutschen Genealogen eingebürgert, um vor 1350 (ursprünglich 1300) auftretende Adelsgeschlechter zu kennzeichnen. Dem steht der Begriff »Briefadel« gegenüber, womit ursprünglich bürgerliche Familien gemeint sind, die durch ein Adelsdiplom oder einen Adelsbrief in den Adelsstand erhoben wurden. Man unterscheidet zudem nach »älterem« (vor 1806) und »jüngerem Briefadel«.

Feudalsystem und Lehnspyramide

Konstituierend für den Adel, wie er sich im frühen Mittelalter in Europa ausbildete, waren Landbesitz und Kriegsdienst. Bei den Germanen bezeichnete Adel zunächst nur den wohlhabenden, wehrhaften Erbbauern auf seinem Stammgut (»odal«). Das Wort hatte ursprünglich keinen ständedifferenzierenden Sinn. Die höhere soziale Stellung ist erst eine Entwicklung der Völkerwanderungszeit. Das Heerkönigtum dieser Zeit belohnte seine Gefolgschaft mit erobertem Land und mit militärischen Ämtern. Die daraus erwachsende Grundherrschaft des Mittelalters bedeutete Herrschaft über Land und Leute. Ein adliger Grundherr überließ seinen Bauern Land zur Bewirtschaftung. Hierfür hatten diese Abgaben und Dienste zu leisten und sie waren dem Grundherrn im Gegenzug für die Überlassung seines Eigentums zu Treue und Gehorsam verpflichtet. Der Grundherr übte die Gerichtsbarkeit aus und hatte die Pflicht, seine Bauern vor Gewalt in Kriegszeiten zu schützen. Er konnte über das Land nicht willkürlich verfügen, meist war es nur auf Lebenszeit vergeben, selten erblich.

Im 8./9. Jahrhundert entwickelte sich das Lehnswesen als System personenrechtlicher Beziehungen zwischen Freien. Es bildete die Grundlage der mittelalterlichen Herrschaft. Ein Freier oder Adliger wurde Lehnsmann (Vasall) des Königs. Der Lehnsmann leistete dem Lehnsherrn des Lehnseid. Damit begab er sich in den Schutz des Herrn und gelobte ihm Treue, Rat und Hilfe, besonders im Kriegsfall. Als Gegenleistung erhielt er Grundbesitz, das Lehen. Sprachlich hängt der Begriff »Lehen« mit leihen zusammen. Die Belehnung mit Land bestand anfänglich auf Lebenszeit, im späteren Mittelalter wurden jedoch viele Lehen erblich. Ein Vasall des Königs konnte empfangene Lehen an Aftervasallen weitergeben. So war er gleichzeitig Lehnsmann des Königs und Lehnsherr des Aftervasallen. Diese Gesellschaftsform bezeichnet man auch als Feudalsystem (lat. »feudum«, Lehen).

Ein Adliger leistet dem König von Frankreich den Lehnseid.

Das Feudalsystem bildete über Jahrhunderte die Grundlage aller abendländischen Staaten. Durch die Feudalherrschaft erreichte die adlige Oberschicht der Kronvasallen die volle Überlegenheit über die anderen Schichten, die teils in weitere feudale Stufen als Aftervasallen geordnet waren, teils als Hintersassen, Hörige und Leibeigene außerhalb des eigentlichen Lehnsverbandes standen. Graphisch ist dieses System mit dem König als oberstem Lehnsherrn an der Spitze, gefolgt von Kronvasallen, Aftervasallen und Unfreien als Lehnspyramide dargestellt worden.

Privilegien und Standespflichten

Aus der Perspektive eines Europas demokratischer Gesellschaften, die einem raschen Wandel unterliegen, erscheint es erstaunlich, wie es einer kleinen Gruppe von wenigen hundert Adelsfamilien gelingen konnte, über beinahe ein Jahrtausend – etwa die Zeitspanne von Karl dem Großen bis zur Französischen Revolution – und partiell danach für weitere 100 Jahre, politisch, wirtschaftlich und gesellschaftlich »oben zu bleiben« und die große Masse der Bevölkerung von der

Das Leben der adligen Gesellschaft im Mittelalter, wie es in den »Tres Riches Heures« des Jean Duc de Berry geschildert wird.

Die Bauern leisteten Frondienste auf den herrschaftlichen Gütern.

Macht fernzuhalten. Man muss kein Marxist sein, um zu sehen, dass der Machterhalt auf einer heute kaum vorstellbaren wirtschaftlichen Ungleichheit beruhte und der Begriff »Ausbeutung« vielerorts das Verhältnis von Herrschern und Beherrschten am treffendsten umschreibt.

Wichtige, Jahrhunderte lang gültige Privilegien des Adels waren die Steuerfreiheit und die Ausübung der Gerichtsbarkeit. Der Adel war zudem über Jahrhunderte viel wohlhabender als die große Masse der Bevölkerung, die Bauern. Er konnte sich ungleich besser ernähren, kleiden, wohnte unter ungleich besseren Bedingungen, hatte eine höhere Lebenserwartung und war auf Grund der besseren Ernährung im Schnitt auch größer. Nur die städtische Oberschicht, das Patriziat, konnte es im Hinblick auf Reichtum und gehobene Lebensweise mit dem Adel aufnehmen. Sachzeugnisse adliger Herrschaft und Kultur aus dem Mittelalter gibt es zuhauf. Von der Kultur der Bauern, die etwa 95 Prozent der Bevölkerung stellten, hat sich aus dem Mittelalter fast nichts enthalten. Es fällt auf, dass bäuerliche Kultur immer dort am reichsten ist, wo die Adelsherrschaft schwach oder gar nicht vorhanden war.

Nicht erst seit der Aufklärung des 18. Jahrhunderts sehnten sich die Nichtadligen danach, Macht und Privilegien des Adels zu beseitigen. Verzweifelte Aufstände gegen die Adelsmacht hat es in Europa im Mit-

Im Bauerkrieg (1524–1526) wandten sich die Aufständischen gegen harte Frondienste und überzogene Steuerforderungen. Sie wurden von den Heeren der Adligen vernichtend geschlagen.

telalter und in der Frühen Neuzeit häufig gegeben. Fast immer wurden sie blutig niedergeschlagen. In den seltenen Fällen, wo es gelang, die Adelsherrschaft früh abzuschütteln, wie in der Schweiz oder in Amerika, hat dies zu einem Bürgersinn geführt, der diese Gesellschaften bis heute prägt. Da Geschichte meist die Geschichte der Sieger und nicht der Besiegten ist, wissen wir wenig über die zahlreichen Revolten der Bauern, doch ist der Bauernkrieg von 1524 bis 1526 gut dokumentiert. Die Bauern wehrten sich gegen die Privilegien des Adels und warfen ihm vor, seine Standespflichten gegenüber den Bauern verletzt zu haben. Daher ging es in den Forderungen der Bauern stets um die Wiederherstellung der »alten Rechte«, das heißt, sie erinnerten den Adel an seine Pflichten. Die Bauern wandten sich gegen den Druck der Grundherrschaft, harte Frondienste und gegen überzogene Steuerforderungen. Sie forderten die Aufhebung der Leibeigenschaft, die dem Adel dazu diente, seine Einnahmen zu steigern. Da die Bauern in den verschiedenen Teilen Deutschlands schlecht organisiert und bewaffnet waren, konnten sie von den Heeren des Adels vernichtend geschlagen werden.

Adelskultur im Mittelalter: Burgen, Ritter, Minnesang

Das bekannteste Symbol adliger Kultur im Mittelalter ist die »Ritterburg«. Burgen sind im hohen und späten Mittelalter im gesamten Abendland verbreitete Befestigungsanlagen. Sie zeichnen sich durch die Kombination von Wehr- und Wohnfunktion aus. Als gut zu verteidigende Wohnsitze des Adels bildeten sie die Zentren der Herrschaftsausübung. Darüber hinaus dienten sie der Sicherung und Kontrolle wichtiger Verkehrswege, gefährdeter Grenzgebiete oder der Zollerhebung. Dort, wo sich bis heute Burgen bzw. Burgruinen wie Perlen an der Schnur reihen, wie das etwa am Rhein, an Mosel und Saale oder diesseits und jenseits des Brenners in Nord- und Südtirol der Fall ist, verliefen im Mittelalter stark frequentierte Handelsrouten und Heerstraßen.

Eine Ritterburg aus dem Mittelalter und seit 800 Jahren in Familienbesitz: Burg Eltz

Der Hauptzweck, den eine Burg erfüllen sollte, war maßgeblich für die Wahl des Bauplatzes. Die Geländelage beeinflusste Bauweise und Form der Burg. Meist war die Wohnfunktion der Wehrfunktion untergeordnet. Burgen waren zugleich Stätten kulturellen und gesellschaftlichen Lebens, untrennbar mit der abendländischen Kultur des Rittertums verbunden. Nach ihrer Lage unterscheidet man Höhenburgen, die auf dem Gipfel oder am Hang eines Berges gelegen sind, und Niederungsburgen (oder Tiefenburgen), meist Wasserburgen, also von einem natürlichen Gewässer oder künstlichem Burggraben umgeben. Auch nach den Besitzern kann man Burgen klassifizieren, etwa in Reichsburgen (Kaiserburg Nürnberg), Fürstenburgen (Wartburg bei Eisenach), Ritterburgen (Marksburg am Rhein), Bischofsburgen (Veste Hohensalzburg), Ordensburgen (Marienburg an der Nogat), Kirchenburgen (in Franken, Thüringen, der Oberpfalz oder in Siebenbürgen) und Kreuzfahrerburgen (Krak de Chevaliers in Syrien). Eine von mehreren Eigentümern (eines Geschlechts) bewohnte Burg heißt Ganerben-Burg (Burg Eltz). Als Zwingburg bezeichnet man eine Burg zur Beherrschung eines unterworfenen Gebietes, als Trutzburg eine Anlage zur Überwachung oder Belagerung einer gegnerischen Burg (Burg Trutz-Eltz).

In den Burgen des Mittelalters wohnte man nicht luxuriös: das Rübenacher Schlafgemach auf Burg Eltz

Von Kopf bis Fuß in eine schwere Rüstung gehüllt, gingen die Ritter in den Kampf.

Als ältester Burgentypus in Mitteleuropa gilt die »Hochmotte«, ein auf einem künstlichen Erdhügel errichteter hölzerner Turm, von Palisaden und einem Wassergraben umgeben. Dieser Typus (mit steinernem Turm) hielt sich in England noch bis ins 12. Jahrhundert. In Frankreich entwickelte sich ein mehrgeschossiges Turmhaus von rundem oder quadratischem Grundriss, das Wohn- und Verteidigungszwecke in einem Baukörper vereint (frz. »donjon«, engl. »keep«). In Mitteleuropa wurden Wehr- und Wohnfunktion voneinander getrennt. Für erstere entstand der Bergfried, ein hoher Turm, der von Angreifern schwer einzunehmen war und als letzter Zufluchtsort diente. Unterirdisch enthielt er häufig das Burgverlies. Der Palas war das Wohngebäude für den Burgherrn. Er enthielt im Erdgeschoss Wirtschafts- und Vorratsräume, im Obergeschoss einen meist zweischiffigen großen Saal, den zentralen Raum der Burganlage. Er war über eine Außentreppe vom Hof aus zugänglich. Der Saal diente den Mahlzeiten des Burgherrn und seines Gefolges, hier fanden aber auch Rechtsakte und Feste statt. Daneben enthielt der Palas noch kleinere Gemächer, in die sich der Burgherr zurückziehen konnte. Als eigenständiges Bauteil entstand die Kemenate, das Frauenhaus, mit Wohn- und Schlafräumen, sowie die Burgkapelle. Im Burghof befand sich der bei Belagerungen überlebensnotwendige, häufig sehr tiefe Brunnen.
Die gesamte Burganlage war durch die Burgmauer mit Türmen vor Angreifern geschützt. Durch Scharten und Pechnasen im Mauerwerk konnte der Angreifer mit Waffen (Armbrust, Bogen) oder kochendem Wasser, siedendem Öl oder Pech abgewehrt werden. Der Eingangsbereich wurde durch einen Torbau mit Fallgatter, Zugbrücke und Flankierungstürmen geschützt. Große Burganlagen besaßen eine gleichfalls ummauerte Vorburg, in der Wirtschaftsgebäude standen. Davor wiederum befanden sich ein oder mehrere Torbauten. Die Burg Hochosterwitz in Kärnten ist mit sage und schreibe 14 hintereinandergeschalteten Torbauten geschützt.

Durch die Entwicklung der Feuerwaffen verloren die Burgen ab dem 16. Jahrhundert ihre Funktion. Viele wurden verlassen und verfielen, andere wurden erobert, zerstört und nicht wiederaufgebaut. Wieder andere wurden zu Schlössern ausgebaut. Die Albrechtsburg in Meißen ist ein Beispiel für den Übergang von der Burg zum repräsentativen Schloss. Heute sind in Deutschland nur eine Handvoll Höhenburgen aus dem Mittelalter erhalten, die niemals zerstört wurden, so wie die Marksburg bei Braubach, die Sitz der Deutschen Burgenvereinigung ist, und die Burg Eltz, die seit 800 Jahren und 34 Generationen im Besitz der Herren und Grafen zu Eltz ist. Die meisten mittelalterlich erscheinenden Burgen wurden im 19. Jahrhundert im Zuge einer romantischen Mittelaltersehnsucht wiederaufgebaut. Die größte Dichte an Wasserburgen gibt es in Westfalen, besonders im Münsterland. Die genaue Zahl von Burgen und Burgruinen in Deutschland ist nicht bekannt, sie wird auf etwa 5000 geschätzt. Riesige Burganlagen haben sich auch in Frankreich, Spanien, England und in Wales erhalten. Burgenfans sollten sich an die 1899 gegründete Deutsche Burgenvereinigung wenden, die älteste deutsche Bürgerinitiative zum Denkmalschutz: *www.deutsche-burgen.org*. Auf den Web-Seiten werden die schönsten deutschen Burgen vorgestellt, Veranstaltungen der einzelnen Landesgruppen aufgelistet und zahlreiche Hinweise zur Burgenforschung gegeben.

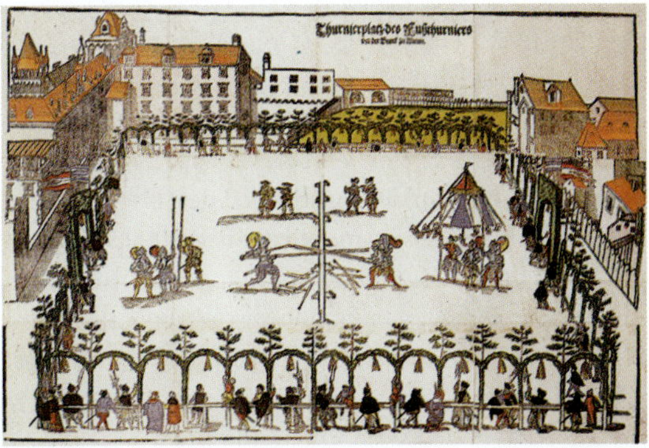

In Turnieren stellten die Ritter ihre Geschicklichkeit unter Beweis.

Der Minnesänger und seine Herrin, Blatt aus der Manessischen Liederhandschrift, 1320.

Auf den Burgen entwickelte sich die Kultur des Rittertums, die ihren Ursprung in der Gefolgschaft der germanischen Heerkönige der Völkerwanderungszeit hatte. Die Karolinger schufen ein schlagkräftiges Heer von Gefolgsleuten, die gegen Überlassung von Lehen Kriegsdienste als Reiter in schweren Rüstungen leisteten. Seine höchste Blüte erreichte das Rittertum zur Zeit der Kreuzzüge und im späteren Mittelalter bis zum 14. Jahrhundert. Die ritterliche Kultur war ein Kennzeichen des gesamten westlichen Europas. Die Ausbildung und Verfeinerung ihrer Formen verdankt sie vor allem der französischen Ritterschaft. Den Kern der ritterlichen Ethik bildet die »Zucht« und das »Maßhalten« in allen Lebenslagen. Zum Ritterideal gehörte die Treue zum Lehnsherren, der Schutz von Witwen, Waisen und Bedrängten, ein christlicher Lebenswandel und Geschicklichkeit im Umgang mit Pferd und Waffen. Letztere galt es, auf Turnieren zu erlernen und unter Beweis zu stellen. Eine sorgfältige Erziehung genoss der ritterliche Knabe, der ab dem Alter von sieben als Page diente. Mit 14 wurde er Knappe, mit 21 erhielt er den Ritterschlag, durch den er wehrhaft und mündig wurde. Ausdruck des Frauenideals war der Minnesang, die ritterlich-höfische Liebeslyrik. Der Minnesang handelt zunächst (etwa 1150) von wechselseitiger Sehnsucht der beiden Partner. Später (etwa 1200) begegnen sich die Liebenden nicht mehr als Gleichberechtigte. Die Frau wird vielmehr zu einem für den Sänger unerreichbaren Ideal stilisiert. Sie ist die Herrin (»vrouwe«), die als Inbegriff des Weiblichen erscheint. Eines der Grundmuster des Inhalts ist die Läuterung des Sängers, die Bewährung von Treue und Beständigkeit, auch wenn sein Werben nicht zum Ziel führt. Zu den wichtigsten deutschen Minnesängern zählen Walther von der Vogelweide, Wolfram von Eschenbach und Oswald von Wolkenstein.

Krönungszeremonien und Kronjuwelen

Der sakrale Anspruch der alteuropäischen Adelsherrschaft wird nirgendwo so deutlich wie in der Krönungszeremonie der verschiedenen Königreiche, die mit dem heiligen Akt der Salbung einherging. Die Salbung entsprach einem Brauch, der im Alten Testament für die Amtseinsetzung der Könige von Israel beschrieben wird und der symbolisiert, dass Gott ihnen gnädig ist. Auf der Reichskrone des Heiligen Römischen Reiches sind Bildnisse der alttestamentarischen Könige David und Salomon zu sehen. Einige Reichsinsignien stehen der Legende nach in direktem Zusammenhang mit dem Martyrium Christi, so etwa die Heilige Lanze, mit der der Römer Longinus die Seite Christi durchbohrt haben soll.

Aufbewahrungsorte der bedeutendsten Kroninsignien heute

Baden: Badisches Landesmuseum, Schloss Karlsruhe
Bayern: Schatzkammer der Residenz, München
Böhmen: Kronkammer des St. Veits-Doms, Prag
Dänemark: Schloss Rosenholm, Kopenhagen
England: Tower of London
Frankreich: Appollo-Galerie, Louvre, Paris
Heiliges Römisches Reich: Schatzkammer, Hofburg Wien
Österreich: Schatzkammer, Hofburg, Wien
Polen: Schatzkammer des Wawel, Krakau; Grünes Gewölbe, Dresden
Preußen: Schloss Charlottenburg, Berlin; Burg Hohenzollern, Hechingen
Russland: Rüstkammer des Kreml, Moskau
Schottland: Edinburgh Castle
Schweden: Schatzkammer, Schloss Stockholm
Ungarn: Nationalmuseum Budapest
Vatikan: Schatzkammer von St. Peter, Rom
Württemberg: Württembergisches Landesmuseum, Altes Schloss Stuttgart

Die Reichskleinodien des Heiligen Römischen Reiches: Krone (2. Hälfte 10. Jh.), Reichsapfel (13. Jh.) und Zepter (Anfang 14. Jh.).

Großbritannien hält als einzige Monarchie in Europa an der Krönungszeremonie fest. Wie ihre Vorgänger wurde Königin Elisabeth II. in Westminster Abbey gekrönt.

Seit Karl der Große von Papst Leo III. zum Kaiser gekrönt worden war, gehörte die Krönung zum festen Bestandteil des mittelalterlichen Kaisertums des Heiligen Römischen Reiches. Die deutschen Könige verwandten einen beträchtlichen Teil ihrer politischen Energien darauf, sich in Rom zum Kaiser krönen zu lassen. Die Krönung zum deutschen König fand in Aachen, später in Frankfurt statt. Die letzte Kaiserkrönung in Italien durch den Papst war die Karls V. 1530 in Bologna. Danach fanden auch die Kaiserkrönungen in Frankfurt statt.

Die französischen Könige wurden in der Kathedrale von Reims gesalbt und gekrönt. Napoleon I. nahm seine Selbstkrönung in Anwesenheit des Papstes 1804 in Notre-Dame in Paris vor. Das österreichische Kaisertum (1804–1918) kannte keine Kaiserkrönung. Wohl aber ließen sich die Habsburger zu Königen von Ungarn krönen. Die letzte Krönung fand 1916 in Budapest statt. Das deutsche Kaiserreich von 1871 kannte ebenfalls keine Krönungszeremonie.

Großbritannien ist die letzte Monarchie, in der das mittelalterliche Schauspiel der Krönung noch stattfindet. 1953 wurde Elizabeth II., wie ihre Vorgänger seit Wilhelm dem Eroberer 1066, in Westminster Abbey gekrönt.

Der historisch ehrwürdigste Kronschatz sind die Reichsinsignien des Heiligen Römischen Reiches, die sich heute in Wien befinden. Ebenfalls sehr alt und für die nationale Identität bedeutend sind die ungarische Stephanskrone und die böhmische Wenzelskrone. Materiell am wertvollsten sind die russischen und englischen Kronjuwelen. Letztere sind vergleichsweise jung: Sie stammen aus der Zeit von 1660 (Wiedereinführung der englischen Monarchie) und später, einige der Kronen im Londoner Tower wurden erst im 20. Jahrhundert angefertigt. Mehrere einstmals bedeutende Kronschätze wie der französische und der polnische sind nur noch in Resten erhalten. Einigen Kroninsignien kommt sakrale Bedeutung zu, wie etwa der »Eisernen Krone« der Langobarden im Dom zu Monza, die angeblich aus einem Nagel vom Kreuze Christi geschmiedet wurde. Eine ähnliche Aura umgibt die Reichskrone, die Stephanskrone, die Wenzelskrone und die englische St. Edmundskrone, die tatsächlich oder der Legende nach von Nationalheiligen getragen wurden.

Ein Kaiser von eigenen Gnaden krönt sich selbst: Napoleon Bonaparte. Gemälde von Jacques-Louis David, Louvre, Paris (Ausschnitt).

Adelskultur und Adelsherrschaft in der Frühen Neuzeit

Das 16. und 17. Jahrhundert sind gekennzeichnet durch langfristige Prozesse, die bis auf wenige Ausnahmen in ganz Europa die Macht des Adels und besonders der regierenden Fürsten gegenüber dem Bürgertum und der Kirche stärkten. Es kam zur Ausbildung des frühneuzeitlichen Flächenstaates, an deren Spitze fast überall ein Fürst stand. In den meisten Regionen Europas fand ein Zurückdrängen der Bürgerstädte zugunsten des Fürstenstaates statt. Zwei Beispiele: Städtebünde wie die Hanse in Nordeuropa verloren ihre wirtschaftliche und politische Macht, stattdessen traten die Könige von Schweden und Dänemark, später auch die Zaren von Russland als Akteure im Ostseeraum auf. Aus den italienischen Stadtrepubliken mit bürgerlicher Mitbestimmung wurden frühabsolutistische Fürstenstaaten. Eine zunehmend straffere Verwaltung erhöhte das Steuereinkommen und gab den Fürsten die Möglichkeit, stehende Heere zu unterhalten und damit Machtpolitik zu betreiben.

Während es im Mittelalter noch hohe Adlige gab, die weder lesen noch schreiben konnten, setzte mit der Verschriftlichung der Herrschaft und der Notwendigkeit ausgedehnten Aktenstudiums die Geburtsstunde umfassender fürstlicher Bildung ein. Im Zeitalter der Renaissance und des Humanismus gab es europäische Fürsten, die über einen universellen Bildungshorizont verfügten, der weit über das hinausreichte, was zum Regieren notwendig war. Zur Ausbildung ihrer Verwaltungsjuristen, Theologen und Mediziner, aber auch zur Befriedigung des eigenen Wissensdurstes, schufen viele Fürsten in Mitteleuropa neue Universitäten. Diejenigen in Heidelberg, Tübingen, Marburg, Kiel, Göttingen, München und in anderen deutschen Städten tragen bis heute die Namen ihrer fürstlichen Gründer.

Lucca della Robbia zeigt auf dieser Terrakottaplakette einen Lehrer mit seinen Schülern (um 1431). Zur Zeit der Renaissance entstanden in den Städten Europas zahlreiche Schulen und Universitäten.

Die Reformation in Deutschland und die Ergebnisse des Dreißigjährigen Krieges setzten die seit dem hohen

Mittelalter anhaltende Schwächung der kaiserlichen Zentralgewalt im Heiligen Römischen Reich deutscher Nation fort und führten zu einer weiteren Stärkung der Fürsten, die seit dem Westfälischen Frieden 1648 auch rechtlich souverän waren. Durch die Reformation war ein Großteil der Fürsten evangelisch geworden, was den Gegensatz zum katholischen Kaiserhaus und zu den katholisch gebliebenen Fürstenhäusern vergrößerte. Einige protestantische Fürsten waren durch die Reformation wohlhabender und mächtiger geworden, weil sie Kirchengut und Klöster eingezogen hatten und in Ermangelung einer katholischen Bischofshierarchie selbst als Oberhaupt ihrer evangelischen Landeskirche »Summus Episcopus«) fungierten.

Das Heilige Römische Reich bestand vom Westfälischen Frieden 1648 bis zu seinem Ende 1806 aus einem bunten Flickenteppich souveräner Staaten. An der Spitze des Reiches stand der Kaiser, der mit einer Ausnahme stets Habsburger war und in Wien residierte. Es folgten die sieben, später neun Kurfürsten (drei geistliche und vier bzw. sechs weltliche), die weltlichen und geistlichen Reichsfürsten, die Reichsgrafen, die Reichstädte und die Reichsritterschaft. Letztere war auf dem Immerwährenden Reichstag in Regensburg nicht repräsentiert.

Eine entgegengesetzte Entwicklung zum politisch zersplitterten Reich nahmen Spanien und Frankreich. Hier gelang es der Zentralgewalt, ihr Territorium politisch und verwaltungstechnisch zum Einheitsstaat auszubauen, an dessen Spitze unangefochten der König stand. Überall strebte der Adel innerhalb eines Fürstentums oder eines Königreichs nach der institutionalisierten Teilhabe an der Macht.

Während in Frankreich die adlige Opposition gegen die Königsmacht in blutigen Auseinandersetzungen niedergeschlagen werden konnte, trug im englischen Bürgerkrieg umgekehrt das Parlament den Sieg davon und ließ den König 1649 hinrichten. Zwar wurde die Monarchie 1660 wiederhergestellt, doch anders als auf dem Kontinent gab es in England kaum Phasen uneingeschränkter Königsherrschaft. Hier entwickelte sich im späten 17. und frühen 18. Jahrhundert das englische Modell der parlamentarischen Monarchie. Das englische Parlament wurde im Oberhaus und durch den niederen Adel sowie die jüngeren Söhne des Hochadels auch im Unterhaus vom Adel dominiert, der König besaß nur sehr eingeschränkte Machtbefugnisse.

Im 16. Jahrhundert hatte Spanien eine politische, wirtschaftliche und kulturelle Vormachtstellung, das strenge spanische Hofzeremoniell Philipps II. und die spanische Mode fanden Eingang an viele Fürstenhöfe Europas. Spaniens weltumfassendes Kolonialreich stärkte die Position des Königs nach innen und außen. Mit zunehmendem wirtschaftlichem Niedergang musste Spanien im 17. Jahrhundert seine Rolle an Frankreich abtreten. Das Königtum Ludwigs XIV. stellt den Höhepunkt der absolutistischen Macht eines europäischen Monarchen dar. Der Absolutismus war eine überhöhte Regierungsform der Monarchie, die auf dem Grundgedanken basierte, dass der Monarch die

Geistliche Fürstentümer

Im Deutschen Reich gab es die nirgendwo sonst in Europa anzutreffende Herrschaftsform der geistlichen Fürstentümer, in denen der katholische kirchliche Oberhirte zugleich Landesherr war. Es handelt sich um die geistlichen Kurfürstentümer Mainz, Köln und Trier und um etwa zwei Dutzend Fürsterzbistümer und Fürstbistümer, dazu zahlreiche Reichsabteien und einige geistliche Sonderbildungen adligen Gepräges, von denen der Deutsche Orden der wichtigste war. Die Sitze in den Domkapiteln waren fast ausschließlich dem Adel, in Köln und Straßburg sogar nur dem Hochadel vorbehalten. Aus den Reihen der Domkapitel gingen die Fürstbischöfe und geistlichen Kurfürsten hervor. Für den katholischen Adel bedeutete das System der geistlichen Fürstentümer eine gute Versorgungsmöglichkeit für jüngere Söhne. Saß ein Adliger erst einmal auf einem Bischofsthron, konnte er seinen Verwandten, etwa Brüdern oder Neffen, beträchtliche finanzielle Mittel zufließen lassen. Außerdem konnte er beim Kaiser für die Familie Standeserhöhungen erwirken, wodurch die Verwandten in höhere Adelsschichten einheiraten konnten. Den Fürstbistümern verdankt Deutschland viele seiner großartigsten Baudenkmäler und Kunstwerke, so die Residenzen in Würzburg und Bamberg, heute Weltkulturerbe der UNESCO. Die erfolgreichste Familie in diesem System waren die Grafen von Schönborn, die über 100 Jahre lang zahlreiche Fürstbischofsthrone in Süddeutschland besetzten.

Das Schloss von Versailles – Zentrum des französischen Absolutismus und Vorbild für barocke Residenzschlösser in ganz Europa.

uneingeschränkte Herrschaftsgewalt eines Staates personifiziere. Spätere Historiker haben Ludwig XIV. das Zitat »L'État c'est moi« – »Der Staat bin ich« in den Mund gelegt. Der französische »Sonnenkönig« wurde von allen Fürsten Europas bewundert, sein aufwändiger Lebensstil von vielen großen und kleinen Souveränen nachgeahmt. Ludwig XIV. gelang es, den rebellischen Adel in sein höfisches System einzubinden und so als Opposition zu neutralisieren. In Preußen, Österreich und anderen Staaten reservierten die Herrscher hohe Stellungen in der Armee, bei Hofe und in der Verwaltung für den Adel und sorgten so dafür, dass sie nicht gegen den Fürsten rebellierten. Zudem besaßen Adlige fast überall in Europa das Privileg der Steuerfreiheit.

Adlige als Bauherren, Mäzene und Kunstsammler

Von adeligem Repräsentationsstreben zeugen zahlreiche Schlösser und Gärten in weiten Teilen Europas, in denen sich das Lebensgefühl der Herrschenden in glanzvoller Pracht entfaltete. Es fand seinen vollendeten Ausdruck in der Kunstepoche des Barock (etwa von 1650 bis 1750, in Italien schon ab ca. 1600), der in der verfeinerten Stilrichtung des Rokoko gegen 1760 ausklingt. Das Bauen wurde zu einer Hauptbeschäftigung des Adels. Grundsätzlich entsprach die Anordnung der Räume in den barocken Residenzschlössern dem französischen Vorbild. Im Mittelbau, dem sogenannten Corps de Logis, liegen die Staatsappartements des Herrscherpaars symmetrisch zu beiden Seiten eines mittleren Festsaales, zu dem eine möglichst prachtvolle Treppenanlage hinaufführt. Diese Räume dienten der Repräsentation und dem Hofzeremoniell und nicht dem täglichen Wohnen. Dazu dienten benachbarte Privatgemächer. Die Raumfolge der Appartments folgte einem bestimmten Schema: Sie setzt sich aus dem Vorzimmer, Audienzzimmer, Schlafzimmer und einem oder mehreren Kabinetten zusammen, die prunkvolle Ausstattung steigerte sich von Raum zu Raum. Weitere wichtige Räume waren der Gartensaal im Erdgeschoss unter dem Festsaal, eine langgestreckte Bildergalerie, die Schlosskapelle und das Hoftheater. Die gesamte Ausstattung mit Deckengemälden, Kunstwerken und Mobiliar war darauf ausgerichtet, die Herrschaft des Schlossherren zu rühmen. Integraler Bestandteil einer Schlossanlage war ein kunstvoll gestalteter Garten mit kleineren Gebäuden für die Vergnügungen der Hofgesellschaft. Die den Gärten von Versailles nachempfundenen Anlagen symbolisierten den Triumph des menschlichen Willens über die Natur und verherrlichen die Herrschaft des Fürsten. Bezugspunkt und ideelles Zentrum der Gartenanlagen war das Schloss als Sitz des absoluten Fürsten, dem sich die gesamte Natur unterzuordnen hatte. In den Gärten, die oft wegen ihrer Wasserspiele, Skulpturen und Parkbauten berühmt waren, fanden Maskenfeste, Theateraufführungen, Feuerwerke und vielerlei andere höfische Lustbarkeiten statt.

Der Adel bildete in der frühen Neuzeit die tragende Schicht unter den Kunstsammlern. Viele europäische Kunstmuseen und Gemäldegalerien sind fürstlichen Ursprungs, einige wie der Louvre in Paris oder die Eremitage in St. Petersburg waren ursprünglich Herrschersitze. Das Sammeln von Kunst gehörte wie die Errichtung von Schlössern und Gärten, die Festkultur, die Pflege von Musik und Theater, die Jagd und der zeremonielle Reitsport zu den Mitteln adliger Repräsentation. Die Sammlungen entwickelten sich zum Teil aus den Kunst- und Wunderkammern der Renaissance, in denen Naturalien, Kunstwerke, exotische Objekte und wissenschaftliche Geräte das Universum im

David Teniers d. J., Die Galerie des Erzherzogs Leopold Wilhelm in Brüssel, um 1651

Kleinen abbilden sollten. Berühmt waren die Kunstkammern Kaiser Rudolfs II. in Prag und die von Erzherzog Ferdinand in Schloss Ambras bei Innsbruck. Im 18. Jahrhundert gab es keine Kunstgattung, die nicht Objekt adeliger Sammelleidenschaft sein konnte. Neben Gemälden zählten dazu Ölskizzen, Handzeichnungen, Graphiken, Miniaturen, antike und neuere Skulpturen, Elfenbein, Bernsteinarbeiten, Silber- und Goldschmiedekunst, Gläser, Porzellane, ostasiatische Lackarbeiten, Tapisserien, Prunkwaffen, Uhren und andere mechanische Instrumente, Juwelen, Münzen, Handschriften und Bücher. Museale Begriffe wie Kupferstichkabinett, Münzkabinett und Gemäldegalerie erinnern daran, dass die Kunstwerke ursprünglich in bestimmten Räumen der Schlösser aufbewahrt wurden. Eigenständige fürstliche Galerie- und Museumsbauten gibt es erst seit dem 18. Jahrhundert. Die Gemäldegalerie Friedrichs des Großen, die abseits vom Potsdamer Schloss Sanssouci im Park steht, ist ein frühes Beispiel, ebenso das Museum Fridericianum in Kassel.

Obwohl es in der frühen Neuzeit auch eine bürgerliche Theatertradition gab, wurde künstlerisch anspruchsvolles, technisch aufwändiges Theater und besonders die Oper vom 16. bis zum 18. Jahrhundert vorrangig an den Höfen gepflegt. Die frühen Hoftheater

Zuschauerraum des Residenztheaters in München (Cuvilliéstheater).

sind architektonisch in den Komplex der Residenzen eingefügt. Frei stehende Theater entstanden erst relativ spät, das älteste in Europa ist das 1741 bis 1745 erbaute Opernhaus in Berlin. Im Theater feierte sich die höfische Gesellschaft selbst. Die Sitzodnung in barocken Schlosstheatern entsprach der hierarchischen Gesellschaftsordnung des Absolutismus. Den Mittelpunkt bildetet die Fürstenloge in der Symmetrieachse gegenüber der Bühne. Oft waren die übrigen Logen so ausgerichtet, dass sie eine bessere Sicht auf die Herrscherloge als auf das Bühnengeschehen boten. Die Ranghöhe der Mitglieder des Hofstaates erkannte man daran, in welchem Rang und in welchem Abstand zur Fürstenloge sie saßen. Erst im aufgeklärten Absolutismus zogen es manche Fürsten vor, sich demonstrativ ins Parkett zu setzen, das ursprünglich der Dienerschaft vorbehalten war.

Die Jagd als Adelsprivileg

Ein wichtiges Vorrecht der Aristokratie blieb bis in das 19. Jahrhundert die Jagd. Diese uralte Form menschlicher Nahrungsbeschaffung galt schon den frühen Hochkulturen als symbolischer Akt der Machtausübung über die Natur. Das ursprünglich freie Jagdrecht in Europa wurde im frühen Mittelalter Privileg des Adels. Die Kulturgeschichte der Jagd zeigt, dass ihre Rituale die jeweilige Gesellschaftsordnung reflektieren. Besonders in der Renaissance und im Barock galt die Jagd nicht nur als bloßer aristokratischer Zeitvertreib, um die Langeweile an den Höfen zu bekämpfen, sondern war eingebunden in prunkvolle Zeremonien, welche die Hierarchie des Herrschaftssystems widerspiegelten. Der Hochadel besaß das Privileg der Hochwildjagd, etwa auf Rot- und Schwarzwild, der niedere Adel musste sich mit der Jagd auf Niederwild begnügen. Die kapitalsten Stücke waren dem Herrscher oder seinem ranghöchsten Jagdgast zum Abschuss vorbehalten. Die bäuerliche Jagd war selbst in Zeiten von Hungersnöten verboten, Wilderei wurde drakonisch bestraft, die Bauern waren verpflichtet, als Treiber und Jagdhelfer Frondienste zu leisten. Wegen beträchtlicher Wildschäden auf den Feldern, die durch überhöhte Wildbestände verursacht wurden, kam es mit großer Regelmäßigkeit zu Spannungen zwischen Herrschaft und Bauern. Die Jagdschlösser, die seit der Renaissance überall in Europa entstanden, dienten der Zurschaustellung von Jagdtrophäen.

Erst im 19. Jahrhundert, in Deutschland 1848, fiel das adlige Jagdprivileg, doch gehört es in vielen Teilen Europas, besonders in Deutschland und Österreich, bis heute zum guten Ton, als Adliger auch Jäger zu sein.

Aufwändig gearbeitete Jagdbüchse mit einem liegenden Hirsch aus vergoldetem Messingguss.

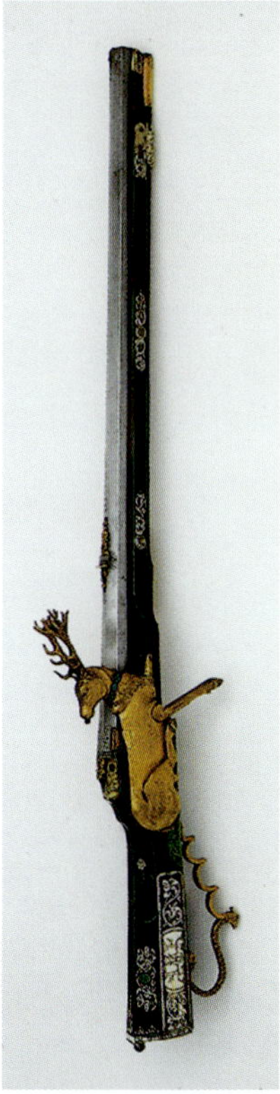

Aufklärung und Adelskritik am Vorabend der Französischen Revolution

Seit Beginn des 18. Jahrhunderts, in England bereits seit dem späten 17. Jahrhundert, formierte sich in weiten Teilen Europas intellektueller Widerstand gegen den fürstlichen Absolutismus und die Privilegierung des Adels. Diese geistige Bewegung heißt Aufklärung (engl. »enlightenment«; franz »lumières«). Die Denker der Aufklärung gingen davon aus, dass die Vernunft das Wesen und die Freiheit des Menschen ausmache, und dass damit alle vernunftbegabten Menschen gleich seien. Sie übten Kritik an allen autoritätsbezogenen, irrationalen Denkweisen, so am christlichen Offenbarungsglauben, aber auch am fürstlichen Absolutismus, der sich letztlich durch das Gottesgnadentum legitimierte. Die Loslösung des Menschen aus seinen falschen Abhängigkeiten sollte durch Anleitung zum autonomen Vernunftgebrauch ermöglicht werden. Frühe adelskritische Philosophen der Aufklärung waren in England Thomas Hobbes, John Locke und David Hume, in Frankreich Voltaire, Rousseau und die Enzyklopädisten (die Herausgeber eines großangelegten französischen Lexikons, der Enzyklopädie). In Deutschland zählen Kant, Lessing und Schiller zu den

»Der dritte Stand erhebt sich«, Karikatur

wirkungsmächtigsten Adelskritikern, die in ihren Schriften und Theaterstücken dem ihrer Ansicht nach »sittlich verderbten« Adel eine betont bürgerliche Moral entgegensetzten. Lessing etwa stellt in seinem »bürgerlichen Trauerspiel« »Emilia Galotti« einem lüsternen und skrupellosen Fürsten die Reinheit, Ehre und Moral seiner bürgerlichen Titelheldin und ihres Vaters entgegen. Obwohl die Autoren ihre Schauplätze in entfernte Weltgegenden verlegten, um Kritik an den Verhältnissen vor Ort zu äußern, durchschauten die Fürsten dieses Manöver und reagierten mit Zensur, Aufführungsverbot und Verfolgung.

Bei einigen Monarchen Europas stieß die Kritik der Aufklärung auch auf offene Ohren. Sie führten in der zweiten Hälfte des 18. Jahrhunderts Reformen durch (z. B. Abschaffung der Folter und der Leibeigenschaft, religiöse Toleranz), ohne jedoch das aristokratische Herrschaftssystem grundsätzlich in Frage zu stellen. Man spricht hier vom aufgeklärten Absolutismus. Zu seinen Vertretern gehören Friedrich der Große von Preußen, Katharina die Große von Russland und Kaiser Joseph II.

Anderswo führte die starre Haltung der Regierenden und das Ausbleiben von Reformen zur Revolution. Die Unabhängigkeitsbewegung der amerikanischen Kolonien, die schließlich 1776 zur Lossagung von der britischen Krone führte, entwickelte ihre Rechtsprinzipien auf der Grundlage der europäischen Aufklärung. Den vom Prinzip der Gleichheit (aller weißen Männer) beseelten amerikanischen Verfassungsvätern war es unstrittig, dass es in den neugegründeten Vereinigten Staaten keinen Adel geben würde. Die erfolgreiche amerikanische Revolution hatte wiederum Rückwirkungen auf das Selbstbewusstsein der aufgeklärten

Kräfte in Europa. Die Französische Revolution von 1789, in deren Verlauf das Ancien Régime gewaltsam beseitigt wurde, nahm ihre geistige Dynamik aus dem Denken der Aufklärung. Ausgelöst wurde die Revolution durch die Unfähigkeit des politischen Systems, seine Strukturen der veränderten sozialen und geistigen Situation anzupassen. Wie kein zweites Ereignis in der europäischen Geschichte bewies die Französische Revolution die Schwäche eines lang etablierten aristokratischen Herrschaftssystems und markierte die Krise des Adels als Idee und politischer Machtfaktor.

Adelsherrschaft im 19. Jahrhundert: Schleichender Niedergang oder späte Blüte?

Das »lange« 19. Jahrhundert vom Ausbruch der Französischen Revolution 1789 bis zum Beginn des Ersten Weltkrieges 1914 muss als Ganzes sicher als Periode des stetigen Niederganges des Adels bewertet werden. Nach 1789 wurde das absolutistische französische Königtum beseitigt, sämtliche Privilegien des Adels abgeschafft, der König hingerichtet. Wie kein anderes Land hatte Frankreichs stolzes Königtum den fürstlichen Absolutismus verkörpert.

Zu Beginn des 19. Jahrhunderts, im Zeitalter Napoleons, brach das Heilige Römische Reich, das komplizierteste und vielschichtigste System adeliger Herrschaft in der Geschichte Europas und in vieler Hinsicht der alteuropäische Gegenentwurf zum rationalen Zentralismus französischer Prägung, nach tausend Jahren in sich zusammen. Die weniger mächtigen Grafen und Fürsten wurden von ihren mächtigeren adligen Standesgenossen geschluckt. Auf dem Wiener Kongress 1815 versuchten die übriggebliebenen Fürsten Europas zwar, ihre Macht ungeschmälert zu erhalten. Doch die Ideen von »Freiheit, Gleichheit und Brüderlichkeit« sollten trotz Zensur und Bespitzelung nie wieder aus den Köpfen der Untertanen verschwinden. 1830 und 1848 erschütterten erneut Revolutionen Europa. Und immer ging es um die bürgerliche Teilhabe an der Macht. Von der in ganz Europa einsetzenden

Der Wiener Kongress 1815 regelte die Neuordnung Europas nach den napoleonischen Kriegen.

Industrialisierung profitierte zumeist das Bürgertum und nicht der Adel. Und mit der Arbeiterschaft erwuchs eine neue, unheimliche Macht, gegenüber der das Bürgertum dem Adel fast harmlos erscheinen musste.

Der Erste Weltkrieg fegte 1917/18 die drei halbautokratischen europäischen Kaiserreiche in Russland, Österreich und Deutschland hinweg. In Deutschland dankten zusätzlich all die übrigen Fürsten ab, die teilweise 800 Jahre in ihren Territorien regiert hatten. Nimmt man noch die Ergebnisse des Zweiten Weltkrieges vorweg, durch die auch die Throne in Italien, Rumänien, Bulgarien und Jugoslawien stürzten, so ist die Tendenz des Niederganges nicht zu übersehen. Gleichzeitig haben Historiker gezeigt, wie im Laufe des 19. Jahrhunderts immer mehr Adlige von Bürgerlichen aus Führungspositionen in Regierung, Militär und Verwaltung verdrängt wurden und adlige Rittergüter von bürgerlichen Industriellen und Kaufleuten aufgekauft wurden. Das Schlagwort vom »verarmten Adel« war im späten 19. Jahrhundert in manchen agrarisch geprägten Gegenden Europas bereits bittere Realität.

Doch aus der Sicht der Zeitgenossen war die historische Entwicklungsrichtung keinesfalls so eindeutig. Vielen erschienen die Exzesse der Französischen Revolution und die blutigen Kriegszüge Napoleons als böser Spuk. Die führenden Politiker Europas (allesamt Adlige) gedachten, trotz einiger notwendiger Flurbereinigungen politisch zu den alten Verhältnissen zurückzukehren. Die Erinnerung an das Zurückliegende sollte dabei die Solidarität der Monarchen untereinander stärken. Man nannte das die »Heilige Allianz«. Auch entstanden im 19. und frühen 20. Jahrhundert überall in Europa neue Königreiche, die zumeist deutsche Prinzen als Regenten bekamen, wie Belgien und Griechenland, Bulgarien und Rumänien. Deutschland und Italien wurden 1871 geeinte Nationalstaaten, und selbstverständlich standen Monarchen an ihrer Spitze. Nur Frankreich war vom republikanischen Virus befal-

Eduard Biermann, Borsig's Maschinenbauanstalt, Berlin-Mitte, 1847. Von der rasant fortschreitenden Industrialisierung profitierte das Bürgertum ungleich stärker als der Adel.

len und seit 1871 endgültig Republik, neben der Schweiz die einzige Europas. Zur Krönung König Georgs V., des Großvaters von Elizabeth II., kamen 1911 sämtliche gekrönten Häupter nach London. Überall in Europa, ob in London, Berlin, Wien, St. Petersburg oder in den kleineren europäischen Hauptstädten, entfalteten die Herrscher eine nie da gewesene Pracht, ersannen die Zeremonienmeister immer neue publikumswirksame Paraden, Prozessionen, Jubiläumsfeierlichkeiten, Denkmalsenthüllungen und ähnliche Rituale, die die Monarchien in goldenes Licht tauchten, auch wenn es die Abendsonne sein sollte.

Zwar war es richtig, dass immer mehr Bürgerliche überall in den europäischen Monarchien Führungspositionen in Politik, Verwaltung, Wirtschaft und Gesellschaft besetzten. Aber genauso richtig war es auch, dass sehr viele von ihnen nichts sehnlicher wünschten als selbst in den Adelsstand erhoben zu werden – so wie es etwa Heinrich Mann in seinem Buch »Der Untertan« beschreibt. Und überall in Europa machten die Herrscher von ihrem Recht zur Adelsverleihung reichlich Gebrauch. Wer 1911 zur Krönung des englischen Königs nach London oder 1913 zum Silbernen Thronjubiläum des Deutschen Kaisers Wilhelm II. nach Berlin fuhr, konnte durchaus den Eindruck gewinnen, dass der Adel 120 Jahre nach der Französischen Revolution noch immer die herrschende Schicht in Europa bildete.

2. Extraausgabe Sonnabend, den 9. November 1918.

Vorwärts

Berliner Volksblatt.

Zentralorgan der sozialdemokratischen Partei Deutschlands.

Der Kaiser hat abgedankt!

Der Reichskanzler hat folgenden Erlaß herausgegeben:

Seine Majestät der Kaiser und König haben sich entschlossen, dem Throne zu entsagen.

Der Reichskanzler bleibt noch so lange im Amte, bis die mit der Abdankung Seiner Majestät, dem Thronverzichte Seiner Kaiserlichen und Königlichen Hoheit des Kronprinzen des Deutschen Reichs und von Preußen und der Einsetzung der Regentschaft verbundenen Fragen geregelt sind. Er beabsichtigt, dem Regenten die Ernennung des Abgeordneten Ebert zum Reichskanzler und die Vorlage eines Gesetzentwurfs wegen der Ausschreibung allgemeiner Wahlen für eine verfassunggebende deutsche Nationalversammlung vorzuschlagen, der es obliegen würde, die künftige Staatsform des deutschen Volk, einschließlich der Volksteile, die ihren Eintritt in die Reichsgrenzen wünschen sollten, endgültig festzustellen.

Berlin, den 9. November 1918. **Der Reichskanzler.**
Prinz Max von Baden.

Es wird nicht geschossen!

Der Reichskanzler hat angeordnet, daß seitens des Militärs von der Waffe kein Gebrauch gemacht werde.

Parteigenossen! Arbeiter! Soldaten!

Soeben sind das Alexanderregiment und die vierten Jäger geschlossen zum Volke übergegangen. Der sozialdemokratische Reichstagsabgeordnete Wels u. a. haben zu den Truppen gesprochen. Offiziere haben sich den Soldaten angeschlossen.

Der sozialdemokratische Arbeiter- und Soldatenrat.

Der Reichskanzler, Prinz Max von Baden, hat offiziell die Abdankung des Kaisers verkündet.

Das Ende der Monarchien in Deutschland 1918

Nach vier Jahren Krieg und Entbehrung mit Millionen Kriegstoten war das Ansehen der Monarchien in Deutschland im Herbst 1918 auf den Nullpunkt gesunken. Vorrangig betraf dieser Ansehensverlust das preußisch-deutsche Kaisertum Wilhelms II. Er hatte sich in 30 Regierungsjahren bemüht, eine militärisch glänzende Figur abzugeben. Nun war er nur noch ein ohnmächtiger Schatten seiner selbst. Andererseits lasteten ihm große Teile der Bevölkerung, die 1914 mit Hurra-Patriotismus in den Krieg gezogen war, an, dass er den Kriegsausbruch nicht verhindert hatte und das Gemetzel nun nicht beenden konnte.

Die übrigen Bundesfürsten wurden zwar nicht direkt für Ausbruch und Verlauf des Krieges verantwortlich gemacht – einige, wie der König von Sachsen oder der Großherzog von Hessen, galten als gänzlich unmilitärische Figuren –, doch gerieten auch sie in den Sog der Revolution. In den Tagen um den 9. November stürzten die deutschen Throne. Wilhelm II. wurde im Hauptquartier im belgischen Spa von der Revolution überrascht, zum Thronverzicht gedrängt und in das

Ein Bild aus besseren Tagen: Vor dem Berliner Stadtschloss zeigt sich Wilhelm II., der letzte deutsche Kaiser, mit seinen sechs Söhnen dem Volk.

Exil in die Niederlande gebracht. Der letzte kaiserliche Reichskanzler, Prinz Max von Baden, ein Vetter Wilhelms II., hatte in Berlin die Abdankung des Kaisers verkündet, um damit die Monarchie zu retten. Aber der Umsturz ließ sich nicht mehr verhindern: Der SPD-Politiker Scheidemann rief vom Reichstag, der Kommunist Karl Liebknecht vom Berliner Schloss die Republik aus.

Als in Berlin die Republik verkündet wurde, verzichteten nacheinander auch die Monarchen in Dresden, Stuttgart, Karlsruhe, Darmstadt, Braunschweig, Oldenburg, Schwerin, Weimar und all den übrigen Residenzstädten auf den Thron. Als letzter Bundesfürst dankte Fürst Günther von Schwarzburg-Rudolstadt am 23. November für sein Fürstentum und am 25. November als Regent für das Fürstentum Schwarzburg-Sondershausen ab. Lediglich in Bayern hat der König formalrechtlich nie abgedankt. Kurt Eisner erklärte die Wittelsbacher für abgesetzt. Der König ging außer Landes, stellte seinen Beamten die Weiterarbeit am Staat frei, verweigerte aber jede Abdankung. Kronprinz Rupprecht legte von Brüssel aus Verwahrung gegen die Umwälzung ein, da sie ohne die gesetzgebenden Gewalten und von einer Minderheit ins Werk gesetzt worden sei. Nach seines Vaters Tod 1921 erklärte er, in dessen Rechte eingetreten zu sein.

Philipp Scheideman ruft am 9. November 1918 vom Reichstag die Republik aus.

Aus den kleinen deutschen Residenzstädten gibt es Anekdoten, wie sich die Revolutionäre dafür entschuldigten, den Landesherrn absetzten zu müssen. Und vom volkstümlichen letzten König von Sachsen, Friedrich August III. ist das geflügelte Wort überliefert: »Macht Euern Dreck aleene!« Die ehemaligen deutschen Monarchen blieben in ihren Ländern wohnen, in den Kleinstaaten wie Schaumburg-Lippe oder Lippe-Detmold oft sogar in den früheren Residenzschlössern. In den ehemaligen Königreichen und Großherzogtümern wich man auf Palais, Land- oder Jagdschlösser aus, die nicht in Staatsbesitz übergegangen waren. In den meisten deutschen Staaten war das Privatvermögen der Monarchen zunächst beschlagnahmt worden.

Prinz Rupprecht, Prinz Ludwig und Prinzregent Luitpold von Bayern. Prinz Ludwig war später als Ludwig III. der letzte bayerische König. Formal hat er nie abgedankt.

In den nachfolgenden Jahren folgten Vermögensauseinandersetzungen zwischen den Ländern und den ehemals regierenden Häusern, die im europäischen Vergleich zu großzügigen Abfindungen führten. Kaum irgendwo in der europäischen Geschichte ist der Übergang von der Monarchie zur Republik für die ehemaligen Herrscherhäuser so glimpflich verlaufen.

Der frühere deutsche Kronprinz Wilhelm, der einige Zeit in Holland interniert gewesen war, kehrte nach Deutschland zurück und hielt Hof im Potsdamer Schloss Cecilienhof. Selbst dem Kaiser hatte Außenminister Stresemann die Rückkehr als Privatmann in die Heimat angeboten, doch der störrische alte Mann wollte nur als Monarch nach Berlin zurückkehren. Er starb 1941 im holländischen Exil in Doorn.

Adel in der Weimarer Republik und im Nationalsozialismus

In der Weimarer Republik gab es noch zahlreiche Monarchisten. Diejenigen, die sich wie Thomas Mann für die Republik einsetzten, waren oft nur »Vernunftsrepublikaner.« Als 1921 Kaiserin Auguste Viktoria in Potsdam, König Wilhelm II. von Württemberg in Ludwigsburg und König Ludwig III. von Bayern in München zu Grabe getragen wurden, zeugten lange Trauerzüge von echter Anteilnahme der früheren Untertanen. Doch in allen drei Fällen war es ein Abschied von einer untergegangenen Epoche. In Deutschland gab es keinen Thronkandidaten, auf den man sich im Falle einer Restauration hätte einigen können. Der Kaiser im Exil galt als »yesterday man«, ein starrsinniger Alter, der keine persönliche Schuld am Unglück Deutschlands haben wollte und der zunehmend weltfremd wurde. Der Kronprinz bot das Bild eines eitlen, vergnügungssüchtigen Dandy, seine außerehelichen Eskapaden entsprachen nicht den moralischen Maßstäben von Bürgertum und Arbeiterschaft, sein Hang zum Luxus in Krisenzeiten machte ihn bei breiten Schichten unpopulär. Allein auf die beiden jungen, gutaussehenden Söhne des Kronprinzen, den älteren Wilhelm und den jüngeren Louis Ferdinand, konnten Monarchisten ihre Hoffnungen projizieren. Hitler erkannte, dass ihm von dieser Seite Gefahr drohte, zumal nach dem Tode von Hindenburg eine Integrationsfigur der Konservativen und Monarchisten wegfiel. Er muss tief befriedigt gewesen sein, als Prinz Wilhelm im Frankreichfeldzug 1940 fiel.

Claus Graf Schenk von Stauffenberg. Wie viele Adlige zunächst von den Erfolgen der Nationalsozialisten beeindruckt, war er später eine treibende Kraft des Widerstands. Nach dem missglückten Attentat vom 20. Juli 1944 wurde er standrechtlich erschossen.

Der deutsche Adel bot angesichts des Nationalsozialismus ein klägliches Bild – darüber kann auch die späte Tat der Männer vom 20. Juli 1944 nicht hinwegtäuschen. Die Adligen verhielten sich wie die Mehrheit des deutschen Volkes: sie waren berauscht von Hitlers Erfolgen, übersahen seine Verbrechen und wurden skeptisch nur in der letzten Phase des Zweiten Weltkrieges, als die Niederlage sich deutlich abzeichnete. Nach 1945, als viele Adlige Familienangehörige, Heimat und Besitz verloren hatten, kursierte auch im Adel die Lebenslüge, man sei schon immer Gegner der Nazis oder gar Widerstandskämpfer wie die Männer um Graf Stauffenberg gewesen. Erst Jahrzehnte später begannen die Enkel nach der wahren Rolle der Großväter zu fragen. Heute geben sich die meisten Angehörigen der jungen Generation keinen Illusionen mehr hin, was die angeblich heldenhafte Rolle der eigenen Vorfahren zwischen 1933 und 1945 angeht.

Für den deutschen Adel, der 1933 noch zu 95 Prozent monarchistisch dachte, war 1918 eine Welt zusammengebrochen. Die Höfe, an denen er Privilegien genoss und Ämter innehatte, bestanden nicht mehr. Entsprechend dem Versailler Vertrag musste die Armee drastisch verkleinert werden. Zahlreiche Adlige verloren ihre Stelle als Offizier im Heer. Auch aus hohen Ämtern der Verwaltung sahen sich Adlige nach 1918 hinausgedrängt. Die ökonomische Entwicklung in der Land- und Forstwirtschaft, besonders auf den ostelbischen Gütern, gab Anlass zu Sorge. Die Furcht vor weiterem sozialem Abstieg grassierte. Und am Horizont ging das Gespenst des Kommunismus um. Würde der siegen, so wäre es endgültig vorbei mit dem Großgrundbesitz. Von Hitler versprach man sich Schutz vor kommunistischer Bedrohung und wirtschaftlichen Aufschwung. Durch die Aufrüstung standen für Adlige wieder mehr Offiziersstellen zur Verfügung. Und so mancher ergab sich dem Wunschdenken, am Ende vielleicht sogar die Monarchie wieder restauriert zu sehen. War nicht das Vorbild der Nazis der italienische Faschismus, und gab es nicht in Italien immer noch einen König?

Hitler kam aus kleinsten Verhältnissen und hat aus seiner Abneigung gegen den Adel keinen Hehl gemacht. Er bediente sich der Vertreter der Großagrarier, um die Macht zu gewinnen und sie auszubauen. Er ließ vor 1933 seinen zweiten Mann, Hermann Göring, zweimal zum Kaiser nach Holland reisen. Er inszenierte am 21. März 1933 den »Tag von Potsdam« am Sarge Friedrichs des Großen, um den Konservativen und Monarchisten zu bedeuten, er stünde in der Tradition des Preußenkönigs. Unter seinen Generälen hatten immer noch die meisten ein »von« vor dem Namen. Ansonsten hielt Hitler sich die Adligen vom Leib, nach dem 20. Juli 1944 verfolgte er sie mit Hass und Rachegelüsten.

Umgekehrt ist es erschreckend, wie viele Vertreter des Hochadels sich den Nazis gegenüber anbiederten. Von einer elitären Gruppe, die noch immer über großes Vermögen, regionalen Einfluss und internationale Kontakte verfügte, hätte man angesichts des radikalen und für jeden, der es sehen wollte, verbrecherischen Regimes so etwas wie »innere Emigration« erwartet. Das Gegenteil ist der Fall. Man wird für jeden Einzelfall Erklärungen und Entschuldigungen finden, das Gesamtbild ist verheerend. Der Historiker Prinz Friedrich Wilhelm von Preußen hat gezeigt, dass nicht nur der notorische Nazi Prinz August Wilhelm, genannt »Auwi«, sondern auch andere Söhne des Kaisers, darunter sein eigener Großvater, der Kronprinz, große Sympathien für die Nazis hegten. Der Kronprinz drängte am »Tag von Potsdam« in die Garnisonskirche, obwohl er gar keine Einladung hatte. Schon 1932 hatte er sich öffentlich für den Nationalsozialismus ausgesprochen. Landgraf Philipp von Hessen, wenngleich persönlich ein untadeliger Charakter, meinte, zwischen Hitler und Mussolini vermitteln zu müssen, weil er mit einer italienischen Königstochter verheiratet war. Er genoss seine gesellschaftliche Stellung als Oberpräsident von Hessen-Kassel und tat viel für die Kultur; seine politische Rolle kann man bestenfalls als naiv beschreiben. Herzog Carl Eduard von Sachsen-Coburg und Gotha war nicht nur Präsident des Deutschen Roten Kreuzes, sondern auch SA-Obergruppenführer ehrenhalber. Erbprinz Josias zu Waldeck-Pyrmont war SS-Obergruppenführer und engagierte sich für die Wiedereinrichtung einer Garnison in seiner Heimatstadt – einer Einheit der Waffen-SS. Sämtliche Söhne des letzten Fürsten zur Lippe bis auf den jüngsten waren überzeugte NS-Anhänger, die männlichen Mitglieder des Welfenhauses zeigten sich gern öffentlich in NS- und SS-Uniformen, Erbgroßherzog Friedrich Franz von Mecklenburg war SS-Mitglied, die einzige Tochter des letzten Königs von Württemberg, Pauline, eifrige »Parteigenossin« und in verschiedenen NS-Frauenorganisationen aktiv.

Der Tag von Potsdam, 21. März 1933: Der neue Kanzler, Adolf Hitler, verneigt sich vor dem greisen Reichspräsidenten von Hindenburg.

Diese Liste ließe sich verlängern. Dagegen ist es schwieriger, im deutschen Hochadel offene Nazi-Gegner ausfindig zu machen. Am ehesten ist hier wohl das Haus Wittelsbach zu nennen. Kronprinz Rupprecht von Bayern war von Anfang an ein Gegner der Nazis, der aus seiner regimefeindlichen Haltung kein Geheimnis machte. Als Hitler sein Refugium Berchtesgaden aufwändig ausbaute, zog Rupprecht von dort weg. Später musste er im Ausland »untertauchen«. Er lebte inkognito in einer Villa in Florenz. Auch das Fürstenhaus Thurn und Taxis ging demonstrativ zu den Nazis auf Distanz. Der letzte Herzog von Anhalt, Joachim-Ernst, saß gar als offener Nazi-Gegner im KZ in Dachau.

Marion Gräfin Dönhoff

Der Adel in Deutschland nach 1945

Einschneidendstes Erlebnis nach 1945 war der Verlust der deutschen Ostgebiete und die Bodenreform in der Sowjetischen Zone. Ostpreußen, Pommern, Ostbrandenburg und Schlesien waren agrarisch geprägte Adelslandschaften, in denen der Landadel noch bis 1945 eine große Rolle gespielt hat. Marion Gräfin Dönhoff hat in ihren Büchern (»Namen, die keiner mehr nennt«, 1962; »Kindheit in Ostpreußen«, 1988) dieses untergegangene Milieu eindrucksvoll beschrieben. Gräfin Dönhoff zählt wie Christian Graf von Krockow oder Rudolf von Thadden zur Reihe liberaler adliger Ostvertriebner, die das geistige Klima der Bundesrepublik geprägt und sich früh für die Aussöhnung mit Polen eingesetzt haben.

In Schlesien verloren die aufgrund von Steinkohle und Schwerindustrie steinreichen Magnaten Hohenlohe, Ratibor, Henckel-Donnersmarck, Hochberg und andere, die bis 1945 zu den reichsten Familien Deutschlands gezählt hatten, ihr Vermögen. In der sowjetischen Zone wurde der Adel unter der Parole »Junkerland in Bauernland« entschädigungslos enteignet. Besonders in Brandenburg und Mecklenburg hatte der agrarische Großgrundbesitz dominiert. Aber auch in Sachsen und Thüringen verfügten ehemals regierende Häuser und Landadel über beträchtlichen Besitz. Die DDR nahm sich die 1945 vertriebenen ostelbischen Junker noch bis weit in die 50er Jahre zum Feinbild, setzte sie mit den Nationalsozialisten gleich und malte das Schreckgespenst ihrer Rückkehr an die Wand, würde man nicht die SED-Diktatur unterstützen.

»Junkerland den Bauern«, Aufruf für die Bodenreform in der sowjetischen Besatzungszone 1945

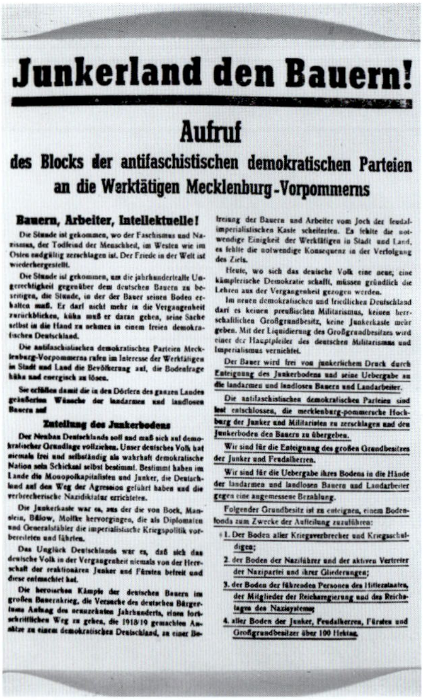

Junkerland den Bauern!

Aufruf

des Blocks der antifaschistischen demokratischen Parteien an die Werktätigen Mecklenburg-Vorpommerns

Bauern, Arbeiter, Intellektuelle!

Die Stunde ist gekommen, wo der Faschismus und Nazismus, der Todfeind der Menschheit, im Westen wie im Osten endgültig zerschlagen ist. Der Friede in der Welt ist wiederhergestellt.

Die Stunde ist gekommen, um die jahrhundertealte Ungerechtigkeit gegenüber dem deutschen Bauern zu beseitigen, die Stunde, in der der Bauer seinen Boden erhalten muß. Er darf nicht mehr in die Vergangenheit zurückblicken, kühn muß er daran gehen, seine Sache selbst in die Hand zu nehmen in einem freien demokratischen Deutschland.

Die antifaschistischen demokratischen Parteien Mecklenburg-Vorpommerns rufen im Interesse der Werktätigen in Stadt und Land die Bevölkerung auf, die Bodenfrage kühn und energisch zu lösen.

Sie erfüllen damit die in den Dörfern des ganzen Landes geäußerten Wünsche der landarmen und landlosen Bauern auf

Zuteilung des Junkerbodens

Der Neubau Deutschlands soll und muß sich auf demokratischer Grundlage vollziehen. Unser deutsches Volk hat niemals frei und selbständig als wahrhaft demokratische Nation sein Schicksal selbst bestimmt. Bestimmt haben im Lande die Monopolkapitalisten und Junker, die Deutschland auf den Weg der Agression geführt haben und die verbrecherische Nazidiktatur errichteten.

Die Junkerkaste war es, aus der die von Bock, Manstein, Bülow, Moltke hervorgingen, die als Diplomaten und Generalstäbler die imperialistische Kriegspolitik vorbereiteten und führten.

Das Unglück Deutschlands war es, daß sich das deutsche Volk in der Vergangenheit niemals von der Herrschaft der reaktionären Junker und Fürsten befreit und diese entmachtet hat.

Die heroischen Kämpfe der deutschen Bauern im großen Bauernkrieg, die Versuche des deutschen Bürgertums Anfang des neunzehnten Jahrhunderts, einen fortschrittlichen Weg zu gehen, die 1918/19 gemachten Ansätze zu einem demokratischen Deutschland, zu einer Befreiung der Bauern und Arbeiter vom Joch der feudal-imperialistischen Kaste scheiterten. Es fehlte die notwendige Einigkeit der Werktätigen in Stadt und Land, es fehlte die notwendige Konsequenz in der Verfolgung des Ziels.

Heute, wo sich das deutsche Volk eine neue, eine kämpferische Demokratie schafft, müssen gründlich die Lehren aus der Vergangenheit gezogen werden.

Im neuen demokratischen und friedlichen Deutschland darf es keinen preußischen Militarismus, keinen herrschaftlichen Großgrundbesitz, keine Junkerkaste mehr geben. Mit der Liquidierung des Großgrundbesitzes wird einer der Hauptpfeiler des deutschen Militarismus und Imperialismus vernichtet.

Der Bauer wird frei von junkerlichem Druck durch Enteignung des Junkerbodens und seine Uebergabe an die landarmen und landlosen Bauern und Landarbeiter.

Die antifaschistischen demokratischen Parteien sind fest entschlossen, die mecklenburg-pommersche Hochburg der Junker und Militaristen zu zerschlagen und den Junkerboden den Bauern zu übergeben.

Wir sind für die Enteignung des großen Grundbesitzes der Junker und Feudalherren.

Wir sind für die Uebergabe ihres Bodens in die Hände der landarmen und landlosen Bauern und Landarbeiter gegen eine angemessene Bezahlung.

Folgender Grundbesitz ist zu enteignen, einem Bodenfonds zum Zwecke der Aufteilung zuzuführen:

1. Der Boden aller Kriegsverbrecher und Kriegsschuldigen;
2. der Boden der Naziführer und der aktiven Vertreter der Nazipartei und ihrer Gliederungen;
3. der Boden der führenden Personen des Hitlerstaates, der Mitglieder der Reichsregierung und des Reichstages des Nazisystems;
4. aller Boden der Junker, Feudalherren, Fürsten und Großgrundbesitzer über 100 Hektar.

Fürstin Gloria und Fürst Johannes von Thurn und Taxis

Die vertriebenen Adligen haben sich in Westdeutschland ähnlich wie die übrigen Ostvertriebenen erstaunlich schnell und erfolgreich integriert. Verlust von Vermögen und Status nagte an ihrem Selbstbewusstsein, doch fanden viele in den Schlössern der westdeutschen Verwandten Aufnahme, betätigten sich als Verwalter auf deren Gütern und heirateten sogar gelegentlich ein. Die Notwendigkeit, mangels ererbten Vermögens bürgerliche Brotberufe zu ergreifen, hat zur Verbürgerlichung des Adels beigetragen. Ein Beispiel für Westintegration auf höchstem Niveau ist die Familie von Fürstin Gloria von Thurn und Taxis. Ihr Vater, Joachim Graf von Schönburg-Glauchau, dessen Familie in Sachsen beheimatet war, kam mittellos in den Westen. Seine Familie kam bei den Fürsten Fürstenberg am Bodensee unter, er wurde Journalist und heiratete eine aus Ungarn vertriebene Gräfin. Seine beiden Töchter heirateten zwei der reichsten Männer Deutschlands, den Industriellen Friedrich Flick und den Erbprinzen von Thurn und Taxis, sein Sohn Alexander, der derzeitige Familienchef, eine Hessenprinzessin.

Bereiche, in denen der Adel bis heute überproportional repräsentiert ist, sind etwa der diplomatische Dienst, das Offizierscorps der Bundeswehr oder Kunsthandel und Auktionswesen. Auch Bankvorstände, besonders von Privatbanken, schmücken sich gern mit dem ein oder anderen Prinzen. Zwar nimmt der Anteil der Adligen im Auswärtigen Amt seit der Adenauerzeit kontinuierlich ab, aber gerade die Botschafter in den wichtigen Auslandsvertretungen sind bis heute vielfach Adlige. Von der deutschen Wiedervereinigung gingen keine neuen Impulse für den Adel aus. Eine von vielen ehemaligen DDR-Bürgern befürchtete »Rückkehr der Junker« fand nicht statt. Nur hier und da haben versprengte Einzelkämpfer das Erbe ihrer Väter gepachtet und versuchen, der Verwahrlosung der späten DDR-Zeit Einhalt zu gebieten.

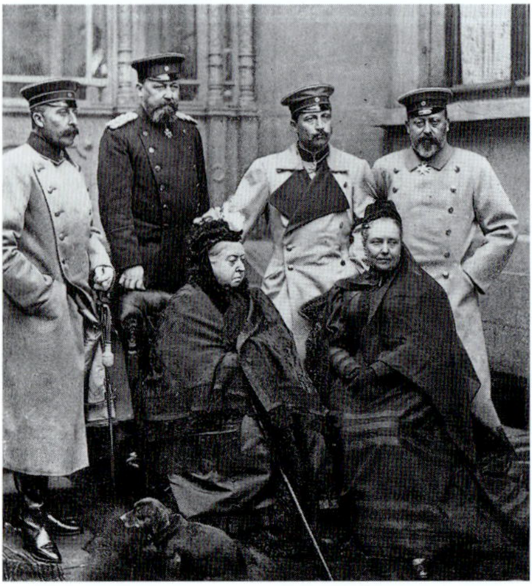

Königin Victoria im Kreise ihrer Familie: rechts neben ihr ihre Tochter Victoria, die sich nach dem Tod ihres Mannes Kaiserin Friedrich nannte, dahinter ihre Söhne Arthur, Herzog von Connaught, Alfred, Herzog von Sachsen-Coburg und Gotha, ihr Enkel Kaiser Wilhelm II. und ihr ältester Sohn, der spätere englische König Edward VII.

Europäische Familienbeziehungen des deutschen Hochadels

Innerhalb der Familien des deutschen Hochadels findet die Integration Europas seit Generationen statt. Historisch gesehen, sind die Königshäuser in England, Holland und Belgien deutschen Ursprungs. Und auch in den übrigen europäischen Königshäusern fließt reichlich deutsches blaues Blut. Umgekehrt haben bis heute viele deutsche Aristokraten Ehepartner aus anderen europäischen Ländern. Einige Beispiele: Carl Herzog von Württemberg hat Diane Prinzessin von Frankreich geheiratet. Die sechs Kinder wuchsen selbstverständlich zweisprachig auf, und der dritte Sohn Philipp ist inzwischen Direktor von Sotheby's Deutschland und Frankreich. Herzog Max in Bayern ist mit einer schwedischen Gräfin Douglas verheiratet, seine älteste Tochter Sophie ist Erbprinzessin von Liechtenstein. Prinz Johann Georg von Hohenzollern ist mit Prinzessin Birgitta von Schweden, einer Tante des schwedischen Königs, verheiratet. Ein Vetter des schwedischen Königs ist Prinz Andreas von Sachsen-Coburg und Gotha. Sein Vater und die Mutter von Carl Gustav waren Geschwister. Fürst Waldburg-Wolfegg ist mit einer Gräfin Rimbotti aus Florenz verheiratet. Paul Graf Schönborn hat eine portugiesische Mutter, eine römische Großmutter und eine venezianische Ehefrau.

Besonders intensiv verschwippt und verschwägert ist Prinz Ernst August von Hannover: Seine (zweite) Ehefrau ist Prinzessin Caroline von Monaco. Eine Cousine ersten Grades ist die Königin von Spanien. Auch der Ex-König von Griechenland, Konstantin, ist ein Vetter von Ernst August. Die gelegentliche Behauptung, Ernst August wäre haarscharf daran vorbeigeschrammt, König von England zu sein, ist hingegen nicht richtig. Zwar waren seine direkten Vorfahren seit 1714 Könige von England und Kurfürsten von Hannover. Wäre 1901 Queen Victoria ohne Leibeserben gestorben, so säße heute Ernst August auf dem Thron. Tatsächlich hatten sie und ihr deutscher Prinzgemahl Albert von Sachsen-Coburg aber neun Kinder, die allesamt wieder reichlich Nachkommen in die Welt gesetzt haben. So stehen zwischen Queen Victorias Ururenkelin Elizabeth II. und Ernst August etwa 270 Engländer in der Thronfolgeordnung, und die Zahl wird Jahr für Jahr größer. Der Prinz hatte aber jahrelang seinen Hauptwohnsitz in London. Die Residenz des deutschen Botschafters in London sähe kahl aus ohne die Porträts englischer Könige aus dem Haus Hannover, die Ernst August als Dauerleihgabe zur Verfügung gestellt hat. Eine freundschaftliche Beziehung zum englischen Königshaus, wie sie etwa Moritz Landgraf von Hessen genießt, besteht aber nicht. Man kann sich keine gegensätzlicheren Charaktere vorstellen als Prinz Ernst August und Prince Charles. Allerdings hat der Welfe Königin Elizabeth vor einigen Jahren gebeten, ihm den Titel eines englischen Duke of Cumberland zu bestätigen, den sein Großvater bis 1914 trug, was diese auch getan hat.

Das englische Königshaus spielt die Tatsache, dass Elizabeth II. väterlicherseits ganz überwiegend deutsche Vorfahren hatte, in Großbritannien geflissentlich herunter. Bei Staatsbesuchen der Königin in Deutschland wird daran in Tischreden jedoch häufig erinnert. Die Großeltern der Königin, George V. und Queen Mary, eine geborene Prinzessin von Teck, wurden während des Ersten Weltkrieges von kriegsmüden Gegnern der Monarchie beschuldigt, eigentlich Deutsche zu sein, worauf sie ihren Familiennamen Sachsen-Coburg und Gotha 1917 in Windsor umänderten. Ihre Verwandten, die Battenbergs, nennen sich seither Mountbatten. Die Beziehungen zum Hause Hannover und zum Hause Preußen – Kaiser Wilhelm II. war durch seine englische Mutter ein Enkelsohn Queen Victorias – wurden 1914 auf Eis gelegt und haben sich

Verwandtschaftliche Beziehungen verbinden Prinz Ernst August von Hannover (hier mit seiner zweiten Frau, Prinzessin Caroline) mit Fürstenhäusern in ganz Europa.

Tumultartige Szenen gab es in Amsterdam anläßlich der Hochzeit von Königin Beatrix mit Klaus von Amsberg, 1966: Hinter der Kutsche mit dem Brautpaar explodiert eine Rauchbombe.

nie richtig erholt, obgleich der heutige Chef des Hauses Preußen, Prinz Georg Friedrich, in Schottland zur Schule gegangen ist. Die Beziehungen zum Haus Hessen sind aber trotz zweier Weltkriege eng und herzlich geblieben.

Die deutsche Königin von Schweden, Silvia, genießt im traditionell deutschfreundlichen Schweden hohes Ansehen. Viel schwerer hatte es zunächst der verstorbene deutsche Prinzgemahl Claus von Amsberg, Ehemann von Königin Beatrix, in den Niederlanden. Bei seiner Hochzeit 21 Jahre nach der deutschen Besetzung der Niederlande spielten sich in Amsterdam 1966 noch tumultartige Szenen ab.

Wenngleich Königin Silvia durch persönlichen Charme die Herzen der Schweden gewonnen hat, so war es in deren Augen sicher kein Nachteil, dass sie eine Bürgerliche ist. Als Trendsetter für bürgerliche Ehepartner in Königshäusern muss der damalige Kronprinz von Norwegen, der heutige Harald V. gelten, der 1968 die norwegische Kaufmannstochter Sonja Haraldsen geheiratet hatte. Die Wahl seiner Braut hatte zunächst zu einem Konflikt mit seinem Vater geführt. Einige adelsstolze Verwandte aus Deutschland erschienen nicht zur Hochzeit. Eine Generation später sieht das anders aus: Bis auf Kronprinzessin Victoria von Schweden sind (oder waren) alle derzeitigen Thronfolger der regierenden Königshäuser in Europa verheiratet. Eine Deutsche hat keiner von ihnen zur Frau genommen. Hingegen haben die zukünftigen Könige von Norwegen, Dänemark, Holland und Spanien Bürgerstöchter geheiratet. Das lässt die strengen Hausgesetze der deutschen Fürstenhäuser, die vor 90 Jahren oder länger ihren Thron verloren haben, aber ein Familienmitglied, dass eine »nicht hausgesetzmäßige« Ehe eingeht, aus dem Familienverband ausstößt, um so anachronistischer erscheinen.

Wirtschaftliche Grundlagen

Allgemeine Aussagen über die wirtschaftlichen Grundlagen des deutschen Adels zu treffen, ist schon auf Grund fehlender Statistiken nicht möglich. Es werden in der Bundesrepublik zwar statistische Daten zu allen erdenklichen Dingen erhoben, doch es gibt keine Angaben, wie viele Menschen in Deutschland überhaupt zum Adel gehören. Die Angaben schwanken zwischen 70.000, eine Zahl, die wohl zu niedrig gegriffen ist, und einigen 100.000. In jedem Fall liegt der Anteil der Adligen an der Gesamtbevölkerung deutlich unter einem Prozent, vielleicht ist die Zahl von 0,5 Prozent realistisch. Allgemeine Aussagen treffen zu wollen, wäre wegen der Heterogenität der Gruppe geradezu absurd.

Sehr viel wohlhabender als die Durchschnittsbevölkerung ist die kleine Schar der etwa 80 fürstlichen Häuser, obgleich auch innerhalb dieser Gruppe ein deutliches Gefälle besteht. Am glimpflichsten haben die süd- und südwestdeutschen Standesherren die Verwerfungen des 20. Jahrhunderts überstanden. Viele sind heute reicher als etwa die Nachfahren des letzten

Umfangreicher Grundbesitz, der land- und forstwirtschaftlich genutzt wird, bildet für viele adlige Familien die wirtschaftliche Grundlage.

Die Häuser Württemberg, Baden, Schönborn, Eltz, Metternich und andere sind im Weinbau erfolgreich.

Fürstliche Braukunst: Christian Joachim Maximilian Erbprinz zu Fürstenberg in der Fürstenberg-Brauerei in Donaueschingen, die 2004 an die Schöngruber-Gruppe verkauft wurde.

deutschen Kaisers, das Haus Preußen, die wirtschaftlich zu den Verlierern der Geschichte gehören. Es ist noch nicht einmal klar, welches deutsche Fürstenhaus das größte Vermögen besitzt, ob die landläufige Annahme, das Haus Thurn und Taxis sei das reichste, korrekt ist, oder ob nicht weniger im Rampenlicht stehende Häuser reicher sind. Auf die Frage nach ihrem Vermögen angesprochen, antwortet noch der reichste Adlige, er sei eigentlich viel weniger wohlhabend als allgemein angenommen. Zumindest hierin unterscheidet sich ein Fürst nicht von der Restbevölkerung.

Die größten Grundbesitzer in Südwestdeutschland sind die Fürstenhäuser Thurn und Taxis, Fürstenberg, Hohenzollern-Sigmaringen, Württemberg, Baden, Waldburg-Wolfegg und Waldburg-Zeil. Zu drei Vierteln handelt es sich um Forstbesitz. Doch die Einnahmen aus dem Forstbesitz garantieren immer weniger Wohlstand, zumal seit der Osterweiterung der EU billiges Bauholz aus Osteuropa die Festmeterpreise drückt. Daher haben sich fast alle Fürstenhäuser in den letzten Jahrzehnten wirtschaftlich umorientiert. Ihre Vermögensverwaltungen, die oft noch historische Namen wie Fürstliche Hofkammer oder Rentkammer tragen, verwalten oft nur noch in zweiter Linie Land- und Forstwirtschaft. Wesentlich wichtiger sind heute Immobilien, Unternehmen bzw. Unternehmensbeteiligungen in vielen Industriezweigen und im Dienstleistungssektor, Kapitalanlagen und Investitionen auch im Ausland. Rentabel, expandierend und imagefördernd ist der Weinbau, der unter anderen von den Häusern Württemberg, Baden, Schönborn, Eltz und Metternich betrieben wird. Auch andere Spirituosen und sogar Mineralwasser vermarkten sich gut, während die fürstliche Braukunst ein Teil des allgemeinen Brauereisterbens zu werden droht bzw. von den Marktgigan-

Mit großem finanziellem Einsatz denkmalgerecht saniert: Schloss Büdingen, im Besitz der Fürsten zu Ysenburg

ten geschluckt wird. Lobby-Arbeit für die Wirtschaftsinteressen in Berlin leistet die Arbeitsgemeinschaft für Grundbesitzerverbände, deren Vorsitzender Michael Prinz zu Salm-Salm ist.

Adel als Kulturträger – Denkmalschutz, Landschaftsschutz, Repräsentation

Die 1899 gegründete Deutsche Burgenvereinigung ist nach dem englischen National Trust die älteste europäische Bürgerinitiative, die sich dem Erhalt historischer Wehr- und Wohnbauten widmet. Viele Adlige, wie Alexander Fürst zu Sayn-Wittgenstein und sein Vetter Graf Eltz, bekleiden in der Burgenvereinigung wichtige Ämter. Der Verein steht auch bürgerlichen Schloss- und Burgbesitzern offen.

Gleichgültig, ob ein Adliger in der Burgenvereinigung tätig ist oder nicht: Wohnt er auf einem Schloss, dann ist er sein eigener Denkmalpfleger und muss mit Hausschwamm, Schimmelpilzen, undichten Dächern, bröckelndem Stuck und zahllosen anderen Gefahren kämpfen. Die Beziehungen zu den örtlichen Denkmalämtern sind nicht immer ideal: Der Schlossbesitzer beklagt die hohen Auflagen der Behörden, um ein denkmalgeschütztes Gebäude zu sanieren, bei gleichzeitig immer geringer werdenden Zuschüssen vom Staat. Das Leben in einem Denkmal ist ein Privileg,

doch oft ist es auch mehr Last als Lust. Oft sind adlige Familien mit der Pflege und Erhaltung ihrer ererbten Häuser bis an die Grenze des finanziell Zumutbaren belastet. Wenn sie sich dieser Aufgabe dennoch stellen, erhalten sie damit für die Allgemeinheit einen wesentlichen Bestandteil des kulturellen Erbes, architektonische Denkmäler von hohem Rang. Viele Familien mussten bereits vor den Kosten kapitulieren: so befinden sich etwa die Hälfte der über 100 Herrenhäuser in Schleswig-Holstein, die von hohem Denkmalwert sind, nicht mehr im Besitz des Adels. 2004 hat das Erbacher Grafenhaus das Schloss Erbach samt seiner Kunstsammlungen an das Land Hessen verkaufen müssen. Gründe für die nicht selbst verschuldete finanzielle Schieflage sind verheerende Sturmschäden im Wald und Zahlungsverpflichtungen in die Pensionskassen der Mitarbeiter. Auch andere Fürstenhäuser sehen sich vor ähnlichen Problemen.

Der Schwarzstorch steht für erfolgreich praktizierten Naturschutz.

Die Mehrheit der Adligen, die über Forstbesitz verfügen, hat ein stark emotionales Verhältnis zum Wald, der für sie weit mehr bedeutet als eine reine Einkommensquelle. Zahlreiche Familienmitglieder widmen sich der Jagd und Hege des Wildes. In der Forstwirtschaft hat sich längst herumgesprochen, dass industrielle Monokulturen zwar leichter zu bewirtschaften, aber auch viel anfälliger gegen Sturmschäden und Schädlingsbefall sind. Viele Familienchefs haben sich daher dem Landschafts- und Naturschutz verschrieben. Der Forstassessor Richard Prinz zu Sayn-Wittgenstein, Schwager der dänischen Königin, hat Teile seiner Wälder um Berleburg in ihren natürlichen Zustand zurückversetzt. Dadurch ist selbst der in Nordrhein-

Westfalen längst ausgestorbene Schwarzstorch zurückgekehrt. Carl Graf zu Eltz renaturiert die Feuchtwiesen um seine Burg Eltz.

Ein heimliches Nationalmuseum: Kunstschätze in adligem Privatbesitz

Nicht in jedem Schloss, das sich in Deutschland in Adelshänden befindet, hängt ein Rembrandt. Oft genug muss der verwöhnte Kunstkenner feststellen, dass die Maler, die in vergangenen Zeiten für Landadel und Duodezfürsten Ahnenbilder gepinselt haben, doch besser beim Anstreichen von Schlossfassaden geblieben wären. Doch je nachdem, wie hoch man die Messlatte legt, gibt es in der Bundesrepublik noch 20 bis 50 hochkarätige Kunstsammlungen in Adelsbesitz. Das meiste findet sich in den Fürstenhäusern.

Zwar sind nach der Revolution 1918 und der Enteignung in der Sowjetischen Zone 1945 Teile des Kunstbesitzes der ehemaligen Herrscherhäuser verstaatlicht worden. Doch ist es vielen Familien durch kluges Wirtschaften gelungen, bis heute eine erstaunliche Fülle an Kunstwerken im Familienbesitz zu halten. Das gilt besonders für die Standesherren, die 1918 bereits keine Landesherren mehr waren und von der Republik wie Privatpersonen behandelt wurden, das heißt nichts von ihrem Besitz abtreten mussten. Trotz spektakulärer Verkäufe, etwa um Erbschaftssteuern zu begleichen, befindet sich in den privaten Wohnsitzen des deutschen Adels eine weithin unbekannte Fülle an unvergleichlichen Kunstschätzen. Dazu gehören Hauptwerke europäischer Malerei, etwa von Rembrandt, Rubens, Cranach, Holbein und anderen Meistern in den Gemäldesammlungen des Landgrafen von Hessen, des Fürsten Salm-Salm und Schaumburg-Lippe oder des Grafen Schönborn, Altmeisterzeichnungen und Kupferstiche in den Sammlungen der Fürsten Waldburg-Wolfegg, erlesene Gold- und Silberschätze im Besitz des Prinzen Ernst August von Hannover, der Fürsten Hohenlohe oder der Grafen Eltz sowie prachtvolles Mobiliar, Porzellane und Juwelen in zahlreichen ande-

Armreliquiar der hl. Elisabeth, um 1240, Abteikirche Bendorf-Sayn, Sammlung Alexander Fürst zu Sayn-Wittgenstein-Sayn

ren Häusern. Die meisten Fürstenhäuser zeigen Teile ihrer Kunstschätze in ihren Schlossmuseen oder als Leihgaben in staatlichen Museen. Einige wenige sind auch Sammler zeitgenössischer Kunst, wie Herzog Franz von Bayern, der seine bedeutende Kunstsammlung der Münchner Pinakothek der Moderne gestiftet hat, oder Fürstin Gloria von Thurn und Taxis. Im vergangenen Vierteljahrhundert haben sich viele Fürstenhäuser von Kernbeständen ihres Kunstbesitzes getrennt. Ob sich in 25 oder 50 Jahren noch bedeutende Kunstsammlungen in deutschen Adelsbesitz befinden wird, wagt heute niemand zu prophezeien.

Adel und Restitution in den neuen Ländern

In der Phase des Untergangs der DDR 1989/90 machten sich zahlreiche Adlige, die 1945 durch die Bodenreform in der Sowjetischen Besatzungszone entschädigungslos enteignet worden waren, Hoffnungen, ihre ehemaligen Besitztümer zurückzuerlangen. Sie beriefen sich dabei auf das Grundgesetz, welches das Eigentum unter Schutz stellt. Die Bundesregierung behauptete, bei den Verhandlungen mit der Sowjetunion habe die russische Seite zur Vorbedingung gemacht, dass die Bodenreform nicht rückgängig gemacht würde und sie daher keinen Verhandlungsspielraum gehabt hätte. Das Bundesverfassungsgericht hat die Haltung der Regierung später bestätigt, was zur Folge hatte, dass viele enttäuschte Adlige auf den damaligen Bundesverfassungsgerichtspräsidenten Roman Herzog genau so schlecht zu sprechen waren wie auf Bundeskanzler Helmut Kohl. Allerdings urteilten die Gerichte auch, dass mobiles Gut, etwa Kunstwerke, an die betroffenen Familien zurückerstattet werden müsse. Dies betraf vor allem die Fürstenhäuser. Besonders betroffen war das finanzschwache Bundesland Thüringen, in dessen Bereich acht Fürstenhäuser bis 1918 regiert hatten.
In teils zähen Verhandlungen zwischen den einzelnen Landesregierungen und den ehemals regierenden Häusern wurde festgelegt, was der Staat an die Familien zurückgeben musste. Allerdings behielt er sich ein

Nießbrauchrecht bis 2014 für Kunstschätze vor, die in Museen der Öffentlichkeit zugänglich waren. Da die öffentliche Seite befürchten musste, dass zurückgegebene Kunstwerke alsbald auf Auktionen veräußert werden würden, versuchten die Landesregierungen, möglichst viele Kunstwerke zurückzukaufen, um einen kulturellen Aderlass zu verhindern. Mit einigen Fürstenhäusern gingen die Verhandlungen erstaunlich glatt. So verzichtete das Haus Sachsen-Coburg und Gotha auf den beträchtlichen Kunstbesitz im Schloss Gotha gegen Übertragung von ehemals staatlichem Forstbesitz im Thüringer Wald. Das benachbarte Fürstenhaus Sachsen-Weimar machte sich in der deutschen Öffentlichkeit zwischenzeitlich unbeliebt, indem es behauptete, der Nachlass Goethes gehöre nicht dem deutschen Volk, sondern dem Fürstenhaus. Schließlich konnte auch hier wie mit den Fürstenhäusern Sachsen, Sachsen-Meiningen, Reuss, Mecklenburg, Anhalt und anderen eine Einigung erzielt werden. Diese Einigungen waren immer ein Kompromiss. Während manche Museumsdirektoren einen Ausverkauf von Teilen ihrer Sammlungen beklagten, so muss gesagt werden, dass es der öffentlichen Hand gelungen ist, viele Kunstwerke oder historische Sachzeugnisse von nationaler Bedeutung im Lande zu halten.

Nur eine Handvoll verwegener Geister hat ihre ehemaligen Güter in Ostdeutschland zurückgepachtet. Ob als Landwirt in Brandenburg oder als Winzer an der sächsischen Weinstraße, immer stießen die Rückkehrer auf Skepsis bis Ablehnung. Oft ist es diesen Familien jedoch mit bewundernswürdiger Ausdauer gelungen, das Vertrauen der ortsansässigen Bevölkerung zu gewinnen, einsturzgefährdete Schlösser und Herrenhäuser zu retten und mit kulturellen Aktivitäten der wirtschaftlichen und kulturellen Versteppung der ländlichen Gebiete Ostdeutschlands ein kleines Stück Einhalt zu gebieten.

Mohrenkopfpokal von Christoph Jamnitzer, 1615. Der Pokal gehört zum Schatz der Wettiner. Er wurde im Zweiten Weltkrieg vergraben, von privaten Schatzsuchern wiederaufgefunden und schließlich an das sächsische Königshaus zurückgegeben. Heute ist er im Bayerischen Nationalmuseum in München zu bewundern.

Das bedeutendste Mitglied des Hauses Anhalt: Katharina die Große, die nach der Ermordung ihres Mannes als Kaiserin von Russland regierte.

Das Haus Anhalt (Askanien)

Obwohl das Haus Anhalt zu den alten deutschen Fürstengeschlechtern zählt und im Mittelalter eine beachtliche Machtausdehnung erlangte, konnte es in späterer Zeit nicht wie andere Häuser expandieren. Dies lag zum einen daran, dass die anhaltinischen Stammlande im Vorharz und an der Elbe eingezwängt zwischen drei mächtigen Nachbarn lagen: den Welfen im Westen, den Hohenzollern im Osten und den Wettinern im Süden. Zum anderen verhinderten ständige Erbteilungen die Ausbildung eines Flächenstaates.

Albrecht der Bär, der berühmteste Askanier im Mittelalter, konnte sich als Sachsenherzog gegenüber den Welfen nicht behaupten und verzichtete 1142 auf die Herzogswürde. Als Gründer der Mark Brandenburg stand er jedoch seinem welfischen Gegenspieler Heinrich dem Löwen an Ruhm nicht nach. Wie dieser betrieb er planmäßig die deutsche Ostkolonisation in bisher slawisch geprägten Gebieten. Er holte mit günstigem Siedlungsrecht Rheinländer, Holländer und Flamen (daher der Name »Fläming« für den Höhenzug in Brandenburg) in neu eroberte Gebiete, deren Nachkommen unter anderem Berlin gründeten. Dass die deutsche Hauptstadt wie man früher annahm, Namen und Wappentier von Albrecht dem Bären herleitet, wird heute eher bezweifelt. Albrechts Enkel Heinrich I. nannte sich 1212 als erster »Graf von Anhalt«. Als einziger Graf gehörte er dem neugegründeten Reichsfürstenstand an. Seine Nachkommen regierten bis 1918 in Anhalt-Dessau. Viele Mitglieder der Familie verdingten sich im preußischen Militärdienst, so etwa Fürst Leopold I., bekannt als der »Alte Dessauer«. Bedeutendstes Mitglied der Familie ist eine Frau: Zarin Katharina die Große, die 1729 als Prinzessin Sophie Friederike Auguste von Anhalt-Zerbst geboren wurde, und die nach der Ermordung ihres Mannes 1762 bis 1796 Kaiserin von Russland war.

Der Floratempel im Dessau-Wörlitzer Gartenreich

Das Fürstentum überlebte die napoleonische Flurbereinigung und wurde 1806 zum Herzogtum erhoben. Am 12. November 1918 verzichtete Prinzregent Aribert im Namen des unmündigen Herzogs Joachim Ernst auf den Thron. Das historische Erbe des Hauses Anhalt trägt zur kulturellen Identität des Bundeslandes Sachsen-Anhalt bei. Erhalten sind unter anderem die Schlösser Bernburg, Ballenstedt, Oranienbaum und Mosigkau. Die Anhaltische Gemäldegalerie, Zeugnis fürstlicher Sammellust, befindet sich im Schloss Georgium in Dessau. J.S. Bach war 1717–1723 anhaltischer Hofkapellmeister in Köthen und schrieb hier seine Brandenburgischen Konzerte. Er hat diese Zeit selbst als den Höhepunkt seines Schaffens bezeichnet. Doch das schönste Denkmal für das Fürstenhaus Anhalt ist das »Gartenreich« von Wörlitz, das Fürst Leopold Friedrich Franz von Anhalt-Dessau (»Vater Franz«) zwischen 1765 und 1810 als ersten englischen Landschaftspark auf dem europäischen Festland schuf und das heute zum UNESCO-Weltkulturerbe zählt.

Johann Sebastian Bach wirkte als Kapellmeister des Fürsten von Anhalt in Köthen.

Das Haus Baden (Zähringen)

Erbprinz Bernhard von Baden (geb. 1970, Anrede: Königliche Hoheit) ist mit einer bürgerlichen Hamburgerin verheiratet und steht auch sonst mit beiden Beinen im 21. Jahrhundert. Dennoch ist es ihm wichtig, die kulturellen Leistungen seiner Familie und die regionale Sonderstellung Badens zu würdigen, das als Großherzogtum nur gut 100 Jahre Bestand hatte, während dieser Zeit aber eine bis heute spürbare eigene Identität entwickelt hat. Sein Urgroßvater, der liberale Prinz Max von Baden, war letzter Reichskanzler

Erbprinz Bernhard von Baden und seine Frau Stephanie

unter Wilhelm II. und verkündete 1918, um die Monarchie zu retten, eigenmächtig die Abdankung des Kaisers.

Schloss Salem beherbergt das von Prinz Max und dem Pädagogen Kurt Hahn 1920 gegründete, bekannteste deutsche Internat, in dem unter anderen Prinz Philipp, der Mann der englischen Königin, zur Schule ging. Nachdem es zwischen der Schule und dem Vater des Erbprinzen, dem Markgrafen Max von Baden (geb. 1933, Anrede: Königliche Hoheit) zu Differenzen gekommen war, und die Kündigung drohte, erzielte der Erbprinz eine Einigung und einen erneuten Mietvertrag über 99 Jahre.

Das Haus Baden ist eine Linie des Adelsgeschlechts der Zähringer, die als Grafen des Breisgaus im 10. Jahrhundert erstmals dokumentiert sind. Die Burg Hohenbaden in Baden-Baden gab der Familie den Namen. Wie andere Hochadelsgeschlechter im deutschen Südwesten profitierten auch die Markgrafen von Baden vom Aussterben der Staufer 1268. 1535 wurde das Land in die Markgrafschaften Baden-Baden und Baden-Durlach geteilt. Ludwig Wilhelm I. von Baden-Baden, genannt der »Türkenlouis«, machte Rastatt zur Residenz, seine Witwe erbaute das Lustschloss Favorite. Karl III. Wilhelm von Baden-Durlach gründete 1715 Karlsruhe. Sein Enkel Karl Friedrich vereinigte 1771 beide Landesteile. 1803 wurde Baden mit Teilen der Kurpfalz und der Bistümer Konstanz, Basel, Straßburg und Speyer zum Kurfürstentum erhoben, 1806 nahm Karl Friedrich von Baden, der mit Napoleon im Rheinbund verbündet war, den Titel Großherzog an. Seine Kinder aus seiner zweiten, unebenbürtigen Ehe mit Luise von Hochberg wurden 1818 als thronfolgeberechtigt anerkannt.

Kaspar Hauser – laut Genanalyse kein erbfolgeberechtigter Prinz aus dem Hause Baden.

Das Gerücht, das 1828 in Nürnberg aufgetauchte und 1833 in Ansbach von unbekannter Hand ermordete Findelkind Caspar Hauser sei ein erbfolgeberechtigter Prinz aus dem Hause Baden gewesen, der von der

Gräfin Hochberg zur Sicherung der Erbfolge ihrer eigenen Nachkommen beiseite geschafft worden sei, ist 1996 durch eine Genanalyse widerlegt worden.

Der Thron des Großherzogs von Baden war bis 1918 in Gebrauch.

Das Haus Bayern (Wittelsbach)

Wohl kein anderes Fürstenhaus hat Deutschland ein so großes kulturelles Vermächtnis hinterlassen wie das Haus Wittelsbach: Weder die Habsburger, die weltgeschichtlich bedeutender waren, noch die Hohenzollern, die erst spät auf den Plan traten und deren kulturelles Erbe zum Teil vernichtet ist, am ehesten noch die sächsischen Wettiner.

Über Generationen taten sich Wittelsbacher als leidenschaftliche Bauherren und Kunstsammler hervor, deren Mäzenatentum immer auf der Höhe der Zeit stand. Zahlreiche Schlösser, darunter weltberühmte Touristenattraktionen wie die Schöpfungen des bayerischen »Märchenkönigs« Ludwigs II. Neuschwanstein, Linderhof und Herrenchiemsee, oder auch die Münchner Residenz und die Schlösser Nymphenburg und Schleissheim, sind von ihnen erbaut. München als Kunststadt ist ohne das bayerische Herrscherhaus undenkbar: Die Pinakotheken, die Glyptothek und die Antikensammlungen, das Bayerische Nationalmuseum, zahlreiche Kirchen, Theater und urbanistische Projekte wie die Ludwigs- und Maximiliansstraße, der Hofgarten und der Englische Garten sind direkt auf Initiative der bayerischen Herrscher entstanden. In gewisser Weise sind sogar die Lederhosen den Wittelsbachern zu verdanken. König Max II. förderte bayerische Tracht und bayerisches Brauchtum, um die Identität Bayerns zu stärken.

Das kollektive Gedächtnis der Deutschen verbindet die Dynastie nur mit München und Bayern. Weniger bekannt ist, dass sie auch in anderen Teilen der Bundesrepublik ihre Spuren hinterlassen hat: Auch die Schlösser Heidelberg, Mannheim und Schwetzingen in Baden-Württemberg, Brühl und Benrath in Nordrhein-Westfalen und das Jagdschloss Clemenswerth in Niedersachsen haben Wittelsbacher als Auftraggeber.

Schloss Neuschwanstein ließ der vom Mittelalter begeisterte König Ludwig II. erbauen, 1869–1886.

Noch weniger bekannt ist, dass auch das Königsschloss in Stockholm von einem Wittelsbacher gebaut wurde. Drei schwedische Könige stammten zwischen 1654 und 1720 aus dem wittelsbachischen Haus Pfalz-Zweibrücken.

Die große Stunde des Geschlechts schlug 1180, als der mächtige welfische Doppelherzog Heinrich der Löwe von Sachsen und Bayern von den Staufern gestürzt wurde. Kaiser Friedrich Barbarossa belehnte Otto von Wittelsbach, dessen Vater sich als erster nach der nordöstlich von Aichach gelegenen Burg Wittelsbach nannte, mit der bayerischen Herzogswürde. Vom alten Herzogtum wurde die Ostmark, das spätere Österreich, abgetrennt und an das Geschlecht der Babenberger übertragen, die später von den Habsburgern beerbt wurden.

Die Wittelsbacher haben Bayern von 1180 bis 1918, also 738 Jahre ununterbrochen regiert. Otto II. brachte 1225 durch die Heirat mit der pfälzischen Erbtochter Agnes die Pfalz in wittelsbachischen Besitz. Seit dem 14. Jahrhundert gab es pfälzische und bayerische Linien, die erst 1777 vereinigt wurden. Kaiser Ludwig IV., der Bayer, war von 1314 bis 1347 deutscher König. Der niederbayerische Zweig beherrschte im 14. Jahrhundert auch die Grafschaft Holland, so dass Bayern zeitweise bis an die Nordsee reichte. Die bayerischen Linien wurden mehrfach geteilt, wobei die wohlhabenden niederbayerischen Herzöge in Landshut und Straubing mitleidig auf »die armen Vettern im Oberland« hinabschauten. Albrecht IV. gelang 1505 die Vereinigung von Ober- und Niederbayern, München wurde Hauptstadt.

Die bayerischen Wittelsbacher verfolgten hochfliegende Ziele, die in der Wiedererlangung der Kaiserwürde gipfelten. Als fähigster Politiker der Familie gilt Maximilian I., einer der Hauptakteure im Dreißigjährigen Krieg. 1623 erlangte er die seinem Vetter, Friedrich V. von der Pfalz, aberkannte Kurwürde, 1628 die Oberpfalz. Er schuf eine vorbildliche Landesverwaltung auf solider Finanzgrundlage. Weniger Fortune besaß sein Enkel Max II. Emanuel, genannt der Blaue Kurfürst. Er war ein politischer Hasardeur. Ursprünglich ein Verbündeter der Habsburger, die er in den Türkenkriegen unterstützt hatte, wechselte er im Spanischen Erbfolgekrieg auf die Seite Frankreichs. Sein früh verstorbener Sohn hatte König von Spanien werden sollen, nun erhoffte er für sich selbst eine Krone: Die Spanischen Niederlande, also das heutige Belgien, sollten ein von ihm regiertes Königreich werden. Er wurde aber 1704 in der Schlacht bei Höchstädt geschlagen, geächtet und vertrieben, die Königswürde blieb ein Traum. Erst 1715 erhielt er Bayern zurück. Sein Sohn war als Karl VII. Albrecht von 1742 bis 1745 römisch-deutscher Kaiser, der einzige Nichthabsburger in der Neuzeit. Dessen Bruder Klemens August erlangte eine bemerkenswerte Ämterfülle in der Reichskirche. Er war Erzbischof und Kurfürst von Köln, dazu Fürstbischof von Paderborn, Münster, Hildesheim und Osnabrück (»Monsieur cinq eglises«) sowie Hochmeister des Deutschen Ordens. Die Wittelsbacher hatten das Kurfürstentum Köln über fünf Generationen von 1583 bis 1761 inne. Die altbayerische Linie starb 1777 mit Maximilian III. Joseph aus. Kurbayern fiel an den Pfälzer Kurfürsten Karl Theodor, der ungern von Mannheim nach München wechselte. Als auch dieser Kurfürst ohne Erben starb, gelangten Bayern und die Pfalz an die einzige noch existierende Linie Pfalz-Zweibrücken-Birkenfeld.

Der Spiegelsaal in Schloss Amalienburg – ein Höhepunkt des süddeutschen Rokoko, 1734–1739.

Von 1806 bis 1918 war Bayern Königreich und wurde von fünf Königen regiert: von Maximilian I. (1806–1825), Ludwig I.(1825–1848), Maximilian II. (1848–1864), Ludwig II. (1864–1886) und Ludwig III. (1913–1918) Für den geisteskranken König Otto, den jüngeren Bruder von König Ludwig II., regierte der populäre Prinzregent Luitpold (1886–1912). Als Maximilian I. als Verbündeter Napoleons den Königstitel annahm, sagte er: »Wir bleiben die alten!« In Paris ließ er Kroninsignien anfertigen, die in der Schatzkammer der Münchner Residenz zu bewundern sind, doch eine Krönung hat es nie gegeben. Zwischen 1803 und 1815 vergrößerte sich Bayern auf den Umfang des heutigen Freistaats. Zwischenzeitlich gehörten auch Teile des Habsburgerreiches bis nach Südtirol zu Bayern. Nach 1815 war Bayern nach Österreich und Preußen drittgrößter Bundesstaat im Deutschen Bund.

Ludwig I. ist der wichtigste Kunstmäzen, den Deutschland je gesehen hat: In München ließ er die Pinakotheken, die Glyptothek und die Antikensammlungen erbauen und verlegte die bayerische Landesuniversität hierher. Er begeisterte sich für den griechischen Freiheitskampf, sein Sohn Otto wurde 1832 erster griechischer König. Weiß-Blau, die Farben Bayerns, sind noch heute auch die Farben Griechenlands. 1848 musste er wegen seiner zunehmend reaktionären Politik zugunsten seines Sohnes zurücktreten. Seine Affäre mit der Tänzerin Lola Montez hatte das Fass zum Überlaufen gebracht. Auch das Oktoberfest hat die Welt Ludwig I. zu verdanken. Es wurde 1810 zur Hochzeit des damaligen Kronprinzen erstmals gefeiert und wegen des großen Erfolges alljährlich wiederholt. Sein Enkel Ludwig II. bleibt der enigmatischste aller deutschen Herrscher – Hunderte von Büchern sind über seine exzentrische Persönlichkeit, seine Schlossbauten, seine Freundschaft zu Richard Wagner und sein bis heute nicht geklärtes Ende am 13. Juni 1886 im Starnberger See geschrieben worden. Unter Ludwigs Onkel Prinzregent Luitpold erlebte München am Vorabend des Ersten Weltkrieges als Kunststadt eine besondere Blüte. Sein Sohn Ludwig III. ist der einzige deutsche Bundesfürst, der formell nie abgedankt hat. Er starb 1921 im ungarischen Exil. Sein Sohn Kronprinz Rupprecht (1869– 1955) blieb ein Hoffnungsträger der bayerischen Monarchisten. Als Nazi-Gegner ging er ins Exil nach Florenz.

Albrecht Dürer, Selbstbildnis, 1500, eines der Meisterwerke der Alten Pinakothek in München

Heutiger Chef des Hauses ist Herzog Franz von Bayern (geb. 1933, Anrede: Königliche Hoheit), der sich vor allem als Kunstsammler einen Namen gemacht hat. Seine Sammlung zeitgenössischer deutscher und internationaler Kunst seit 1960 bildet den Grundstock der Münchner Pinakothek der Moderne. Herzog Franz führt damit das jahrhundertealte Mäzenatentum des Hauses Wittelsbach fort.

Neben der königlichen Linie (Herzöge von Bayern) besteht seit 1799 die herzogliche Linie (Herzöge in Bayern); ihr entstammt als Tochter von Herzog Max in Bayern Kaiserin Elisabeth (»Sisi«), die Frau Franz Josephs I. von Österreich.

Herzog Franz von Bayern hat sich als Sammler und Förderer moderner Kunst einen Namen gemacht.

Das Haus Hannover (Welfen)

Prinz Ernst August von Hannover, Herzog zu Braunschweig und Lüneburg (geb. 1954, Anrede: Königliche Hoheit), ist Oberhaupt der Welfen, die als ältestes Fürstenhaus Europas gelten. Bereits Ende des 17. Jahrhunderts, als sich Herzog Ernst August von Hannover um die 9. Kurwürde bewarb, überzeugte das Argument, dass seine Familie älter sei als die aller übrigen Kurfürsten. Sein Hofbibliothekar Leibniz konnte die Abstammung der Welfen von dem uralten italienischen Geschlecht der Este nachweisen.

Der berühmteste Welfe ist Heinrich der Löwe, Doppelherzog von Sachsen und Bayern, verheiratet mit der englischen Königstochter Mathilde, Gründer der Städte Braunschweig, München und Schwerin. In ihm gipfelte der lange schwelende Konflikt zwischen Staufern und Welfen. Als Heinrich sich weigerte, Kaiser Friedrich Barbarossa Heerfolge in Italien zu leisten, belegte ihn dieser 1180 mit der Reichsacht und zog seine Herzogtümer ein. Ihm blieben nur seine Stammlande um Braunschweig. Auf dem dortigen Burgplatz steht sein Löwendenkmal, die erste Freiplastik nördlich der Alpen, im Dom liegt er begraben.

Fortwährende Erbteilungen verhinderten lange das Wiedererstarken der Welfen. Um 1700 bestanden noch zwei Linien, die ältere Braunschweig-Wolfenbüttel und

Prinz Ernst August und Prinzessin Caroline von Hannover

die jüngere Hannover, die 1692 die Kurwürde erlangt hatte und zur wichtigsten Macht im Nordwesten Deutschlands aufstieg. Der gelehrte Herzog August von Wolfenbüttel gründete die nach ihm benannte Bibliothek, sein Sohn Anton Ulrich schuf eine Gemäldegalerie, die sich heute im Braunschweiger Herzog Anton Ulrich-Museum befindet. Die hannoversche Linie gelangte 1714 mit Georg I. auf den englischen Thron, da das Parlament die katholischen Stuart von der Thronfolge ausgeschlossen hatte. Die Personalunion zwischen Hannover und Großbritannien dauerte 123 Jahre. 1814 wurde das Kurfürstentum zum Königreich Hannover erhoben. Es umfasste den größten Teil des heutigen Niedersachsens. Nach fünf gemeinsamen Herrschern bestieg 1837 auf Grund unterschiedlicher Thronfolgeregelungen in England Königin Victoria den Thron, in Hannover ihr Onkel König Ernst August. Queen Victoria regierte England und das Empire 63 Jahre und gab der ganzen Epoche ihren Namen. König Ernst August hob die hannoversche Verfassung auf. Sieben Göttinger Professoren, darunter die Gebrüder Grimm, die dagegen protestierten, wurden ihrer Ämter enthoben und mussten außer Landes fliehen. Sein Nachfolger, der blinde König Georg V., hat manche Züge mit dem bayerischen Märchenkönig Ludwig II. gemein und endete wie dieser tragisch. Auch er hing einem weltfremden Gottesgnadentum an, förderte die Musik und betrieb unvollendet gebliebene Schlossbauprojekte (das Welfenschloss ist heute die Universität Hannover, die Marienburg, ein

Der Burgplatz in Braunschweig mit der Burg Dankwarderode und dem Löwenstandbild.

Der ehemalige Staatswagen der königlichen Familie steht heute im Historischen Museum in Hannover

norddeutsches Neuschwanstein, befindet sich noch im Besitz der Familie). Im preußisch-österreichischen Krieg von 1866 meinte er, sich auf die Seite Österreichs stellen zu müssen, obwohl sein Königreich an allen Seiten an Preußen grenzte. Nach dem preußischen Sieg wurde Hannover von Preußen annektiert, der blinde König musste ins Exil nach Österreich fliehen. 1878 starb er in Paris und fand in Windsor Castle seine letzte Ruhe. Das beschlagnahmte Privatvermögen Georgs V. benutzte Bismarck, um Ludwig II. von Bayern die Reichsgründung 1870 schmackhaft zu machen. 1913 erfolgte die Aussöhnung zwischen Welfen und Preußen. Prinz Ernst August, der Enkel des blinden Königs, heiratete die einzige Tochter Kaiser Wilhelms II., Viktoria Luise, und wurde Herzog von Braunschweig. 1953 wurde ihr ältester Sohn Ernst August Chef des Hauses Hannover. Ihm folgte 1987 sein derzeit amtierender Sohn, ebenfalls Ernst August. Dessen 1983 geborener Sohn aus erster Ehe mit der Schweizerin Chantal Hochuli heißt, wie könnte es anders sein – Ernst August.

Der Welfenprinz ist einer breiteren Öffentlichkeit in zweifacher Hinsicht bekannt: Einmal wegen seiner Übergriffe auf Paparazzi, zum anderen, weil er seit 1999 mit Prinzessin Caroline von Monaco verheiratet ist, mit der er eine Tochter hat. Der Prinz, dem seine Freunde entgegen seinem Image Humor und Großzügigkeit nachsagen, ist beinahe rastlos unterwegs. Darin ähnelt er seinem Urgroßvater Kaiser Wilhelm II. Er hat nie einen Hehl daraus gemacht, dass ihm Deutschland ziemlich kleinkariert erscheint. Mit seiner ersten Frau lebte er vorwiegend in London. Heute pendelt er zwischen seinen Besitzungen in Österreich und Kenia, zwischen Monaco, Paris und New York.

Das kulturelle Erbe der Welfen hatte kein glückliches Schicksal. Viele Welfenschlösser stehen nicht mehr. In das Leineschloss in Hannover zog nach dem

Krieg der Niedersächsische Landtag. Der Wiederaufbau der Sommerresidenz Herrenhausen unterblieb, doch künden die Herrenhäuser Gärten noch immer vom Glanz höfischer Zeiten. Das im Krieg beschädigte Braunschweiger Schloss wurde 1961 mit einer Stimme Ratsmehrheit zur Sprengung freigegeben, 2003 revidierte der Stadtrat den Entschluss, um das Schloss als Einkaufszentrum (!) wieder aufzubauen. Im Fürstenhaus in Herrenhausen ist ein Teil der Kunstschätze des Welfenhauses zu besichtigen, ein anderer Teil auf Schloss Marienburg südlich von Hannover. Während des 20. Jahrhunderts hat das Welfenhaus viel Kunst verkauft. Der berühmte Welfenschatz gelangte 1935 an die Berliner Museen. Das Evangeliar Heinrichs des Löwen kam 1983 auf eine Londoner Auktion und konnte für damals sensationelle 32,5 Millionen DM als »teuerstes Buch der Welt« für Deutschland zurückerworben werden.

Die Website *www.welfen.de* wird von Prinz Heinrich von Hannover, dem Bruder des Prinzen Ernst August, geführt.

Zur Erinnerung an die Vermählung von Großherzog Ernst Ludwig mit Eleonore von Solms-Hohensolms-Lich entstand in Darmstadt der Hochzeitsturm von Joseph Maria Olbrich.

Das Haus Hessen (Brabant)

Als 1997 Prinzessin Margaret von Hessen und bei Rhein als letzte Vertreterin des Hauses Hessen-Darmstadt in Schloss Wolfsgarten bei Frankfurt starb und ihr Adoptivsohn Moritz Landgraf von Hessen (geb. 1926, Anrede: Königliche Hoheit) aus der Kasseler Linie das Erbe antrat, war das Gesamthaus Hessen zum ersten Mal seit Philipp dem Großmütigen 430 Jahre zuvor wieder in einer Hand vereint. Die energische Prinzessin war Schottin. Sie hatte ihren späteren Mann, den Prinzen Ludwig, einen Sohn des letzten Großherzogs, in London kennen gelernt, als dieser an der deutschen Botschaft Dienst tat. Als die Verwandtschaft des Bräutigams 1937 zur Hochzeit nach London flog, stürzte das Flugzeug über dem Ärmelkanal ab – die Braut heiratete in einem schwarzen statt in einem weißen Brautkleid. Das Ereignis ging als »black wedding« in die Londoner Gesellschaftsgeschichte ein.

Da die Ehe kinderlos blieb, fiel das Erbe der Familie Hessen-Darmstadt an das Haus Hessen-Kassel.

Im 17. und 18. Jahrhundert hatten die beiden Linien mehrfach Krieg gegeneinander geführt. Der Schwiegervater von Prinzessin Margaret war der letzte Großherzog von Hessen und bei Rhein, Ernst Ludwig, einer der interessanteren aus der Riege der deutschen Fürsten, die 1918 abdankten. Der Lieblingsenkel der Queen Victoria und Bruder der letzten Zarin war im kleinen Darmstadt um 1900 Gastgeber europäischer Monarchen. Er gründete die Künstlerkolonie Mathildenhöhe und ließ sich von Jugendstilkünstlern wie Franz von Stuck porträtieren.

Kassel-Wilhelmshöhe mit der Herkulesstatue

Landgräfin Sophie von Thüringen, die Tochter der heiligen Elisabeth, erkämpfte für ihren Sohn aus der Ehe mit Heinrich von Brabant nach dem Erlöschen des thüringischen Landgrafenhauses im Mannesstamm das 1265 als Landgrafschaft errichtete Hessen. 1292 wurden die Landgrafen Reichsfürsten. Der humanistisch gebildete Philipp der Großmütige (1509–67) gehörte zu den Förderern Luthers und gründete die Universität Marburg. Er teilte Hessen unter seinen vier Söhnen, von denen zwei ohne Erben starben, sodass nur Hessen-Kassel und Hessen-Darmstadt bestehen blieben. Die Kasseler Linie machte Kassel zu einer bedeutenden Barockresidenz (Schloss und Park Wilhelmshöhe, Gründung der Gemäldegalerie), holte 1685 aus Frankreich geflüchtete Hugenotten ins Land, verkaufte aber auch Landeskinder als Soldaten auf alle Schachtfelder Europas und nach Nordamerika. 1803 wurde Hessen-Kassel Kurfürstentum, 1807 bis 1813 war es Teil des von Napoleons Bruder Jerôme regierten Königreichs Westphalen, 1866 wurde der letzte Kurfürst von den Preußen abgesetzt.

Hessen-Darmstadt war von 1806 bis 1918 Großherzogtum. Der Chef des Hauses, Landgraf Moritz, genießt innerhalb des Hochadels und in Hessen hohes Ansehen. Er ist ein Enkel des vorletzten italienischen Königs und besitzt die Villa Polissena in Rom, daneben die Schlösser Kronberg am Taunus, Wolfsgarten bei

Darmstadt, Fasanerie bei Fulda und das Herrenhaus Panker mit dem größten Grundbesitz in Schleswig-Holstein. Das Haus Hessen ist traditionell kunstbegeistert. Der Landgraf stellt Teile des Kunstbesitzes der Hessischen Hausstiftung in Schloss Fasanerie und im Schloss Darmstadt aus. Das wertvollste Gemälde, die »Darmstädter Madonna« von Hans Holbein, hat das Haus Hessen kürzlich als Leihgabe in das Städel nach Frankfurt gegeben.

Das Haus Hohenzollern

In Sigmaringen, wo die Donau noch jung ist, thront auf hohem Felsen der Stammsitz der 1623 in den Fürstenrang erhobenen schwäbischen Linie der Hohenzollern. Die Fürsten haben die Regierung des Landes bereits 1850 an ihre preußischen Vettern abgegeben. Dieser Zweig der Hohenzollern nahm einen kometenhaften Aufstieg zu Kurfürsten, Königen und Kaisern, gehört seit 1945 aber zu den ärmeren deutschen Fürstenhäusern.

Die schwäbischen Hohenzollern blieben im Lande und sind heute wohlhabender als ihre Verwandten, die Weltgeschichte machten. Die gewaltige Anlage von Sigmaringen wirkt wie eine mittelalterliche Ritterburg, ist aber im wesentlichen ein Werk des Münchner Architekten Emanuel von Seidl um 1900. Die schwere Pracht erinnert an Schwabinger Großbürgerwohnungen der Prinzregentenzeit. Ende des Zweiten Weltkrieges war Sigmaringen sechs Monate »französische

Schloss Sigmaringen, hier die Ahnengalerie, ist seit 1534 im Besitz des Hauses Hohenzollern

Hauptstadt.« Hier residierte die von Hitler gestützte französische Regierung Pétain. Das Fürstenhaus wurde dafür kurzerhand aus dem Schloss ausquartiert. Neben Sigmaringen gehört auch die Stammburg Hohenzollern, die 1850 bis 1857 als Familienmonument des Gesamthauses neu erbaut wurde, zu einem Drittel dem Fürstenhaus, zwei Drittel gehören dem Haus Preußen.

Der zukünftige Chef des Hauses Hohenzollern, Erbprinz Karl Friedrich, ist unter anderem als Jazz-Saxophonist erfolgreich.

Die Fürsten Hohenzollern verfügen über bedeutenden Kunstbesitz, vor allem über mittelalterliche Tafelmalerei und Bildwerke. Nach dem Verkauf der Sammlung der Fürsten Fürstenberg ist dies die letzte Kollektion altdeutscher Kunst in Adelsbesitz. Der jüngere Bruder des Fürsten, Prinz Johann Georg, war Direktor des Bayerischen Nationalmuseums und Generaldirektor der Bayerischen Staatsgemäldesammlungen. Seit seiner Pensionierung leitet er die Hypo-Kunsthalle in München. Der Familienchef Fürst Friedrich Wilhelm (geb. 1924, Anrede: Hoheit) führt mit seinem ältesten Sohn als Generalbevollmächtigtem, Erbprinz Karl Friedrich (geb. 1952), das 1708 gegründete Industrieunternehmen, die Fürstlich Hohenzollernschen Werke Laucherthal für Antriebstechnik, Gießereitechnik und Maschinenbau. Der Erbprinz ist nicht nur größter Arbeitgeber vor Ort, sondern erfreut sich auch als Jazz-Saxophonist großer Popularität. Aus dem Hause Hohenzollern-Sigmaringen stammt das Königshaus von Rumänien.

Das Haus Lippe

Dr. Armin Prinz zur Lippe (geb. 1924, offizielle Anrede: Hochfürstliche Durchlaucht), Doktor der Botanik der Universität Göttingen, ist der letzte noch lebende Chef eines deutschen Fürstenhauses, dessen Vater wie Kaiser Wilhelm II. oder der König von Bayern Bundesfürst des Deutschen Reiches war. Zwar stand Fürst Leopold IV. an 22. und damit letzter Stelle in der Rangfolge der deutschen Monarchen. Doch dafür wohnt sein Sohn bis heute im Fürstlichen Residenzschloss

Das Wappen von Lippe zeigt im Zentrum die lippische Rose.

Detmold und vom Bergfried weht wie einst die Flagge des fürstlichen Hauses. Nur die Schilderhäuschen der Schlosswache sind heute verwaist, doch Furcht vor seinen ehemaligen Untertanen muss Prinz Armin nicht haben. Schon 1918 mussten die Revolutionäre aus dem preußischen »Ausland«, aus Bielefeld und Herford, anreisen, weil sich in Detmold niemand fand, um Revolution zu machen. Als Fürst Leopold IV. 1949 starb, wurde Prinz Armin gemäß des Testaments seines Vaters Stammsitzerbe und Chef seines Hauses. Die beiden älteren Brüder hatte der Fürst wegen ihrer nationalsozialistischen Vergangenheit übergangen. Als Prinz Armin, wie es dem Hausgesetz entsprach, den Fürstentitel annehmen wollte und die Behörden den neuen Titel in seinen Führerschein schrieben, alarmierte das die übergeordneten Dienststellen in Düsseldorf. Prinz Armin dürfe auf keinen Fall den Fürstentitel annehmen, sonst könne man am Ende noch glauben, in Detmold sei die Monarchie noch nicht abgeschafft! Prinz Armin fügte sich und gibt schmunzelnd zu bedenken, dass ja auch der Chef des Hauses Preußen, Louis Ferdinand, »nur« den Prinzentitel führte. Ebenso wenig macht er Gebrauch von dem Titel »Hochfürstliche Durchlaucht«. Doch gerade seine vornehme Bescheidenheit bewirkt, dass die Detmolder bis heute sehr stolz sind, einen Prinzen in ihren Mauern zu haben. Sie freuen sich, ihn und Prinzessin

Schloss Detmold

Traute, ebenfalls eine promovierte Naturwissenschaftlerin, beim Einkaufen in der Stadt zu treffen. Der einzige Sohn des Prinzenpaares, Stephan Prinz zur Lippe, lebt als Rechtsanwalt und Steuerberater in Detmold.

Die kluge Fürstin Pauline konnte 1807 – unterstützt durch den persönlichen Einsatz von Napoleons Gemahlin – durch den Beitritt zum Rheinbund die Autonomie des lippischen Landes bewahren. 1802 hatte sie den ersten Kindergarten in Deutschland gegründet. Da der Vater von Königin Beatrix, Prinz Bernhard zur Lippe-Biesterfeld, ein Verwandter ist, erhielt Detmold in der Vergangenheit wiederholt Besuch aus dem holländischen Königshaus.

Das Haus Mecklenburg (Obotriten)

Über dem Portal des Landtages von Mecklenburg-Vorpommern im Schweriner Schloss erhebt sich das Reiterstandbild des legendären erste Obotritenfürsten Niklot. Die Mecklenburger sind stolz darauf, das einzige deutsche Fürstenhaus slawischer Herkunft zu sein. Der zukünftige Chef des Hauses heißt wiederum Niklot. Sein Vater, der Kunstexperte Alexander von Solodkoff, stammt aus russischem Adel, seine Frau, Donata Herzogin zu Mecklenburg (geb. 1956, Anrede: Hoheit), ist Chefin des Hauses, da ihr verstorbener Vater Herzog Christian Ludwig keine Söhne hatte.

Die Gemäldesammlung der mecklenburgischen Herzöge hängt heute im Staatlichen Museum Schwerin, das auch die drei ehemaligen Residenzen betreut: Das Schweriner Schloss auf einer Insel im Schweriner See, das Barockschloss Ludwigslust und das Renaissanceschloss Güstrow. Nach dem Ende der Monarchie lebte die Familie bis 1945 in Ludwigslust, von wo sie bei Kriegsende nach Schleswig-Holstein flüchtete. Es spricht für das reine Gewissen von Herzog Christian Ludwig, dass er kurz nach Kriegsende in die nunmehr russische Zone zurückkehrte, um nach dem Wohlergehen seiner Angestellten zu sehen. Diesen Leichtsinn hätte er beinahe mit dem Leben bezahlt. In seinen 1996 erschienenen Memoiren beschreibt er, wie er in-

Der rote Ochsenkopf ziert das Wappen von Mecklenburg. Die beiden Großherzogtümer Mecklenburg-Schwerin und Mecklenburg-Strelitz galten bis 1918 als die politisch rückständigsten deutschen Staaten. Bismarck pflegte zu sagen, er wünsche sich, zum Zeitpunkt des Jüngsten Gerichts in Mecklenburg zu sein, da dort immer alles 100 Jahre später passiere.

Der Thronsaal im Schweriner Schloss, ein Meisterwerk des Historismus.

haftiert und nach Russland deportiert wurde, wo er acht Jahre lang in Haft saß, bis er 1953 nach der Intervention Adenauers für deutsche Kriegsgefangene freikam.

Nach dem Krieg fand die Familie Mecklenburg in Hemmelmark bei Eckernförde eine neue Heimat. Das für den Bruder von Kaiser Wilhelm II. gebaute Schloss ist inzwischen an einen Hamburger Fotografen verkauft, die Familie ins benachbarte »Schnepfenhaus« gezogen, ein Landhaus von bürgerlichem Zuschnitt. Dazu passt auch das unprätentiöse Auftreten der Familie. Herzogin Donata hat in München eine Buchhändlerlehre absolviert und ihren Mann in London kennen gelernt. Ihre jüngere Schwester Herzogin Edwina hat den Landwirt Konrad von Posern geheiratet, mit dem sie einen landwirtschaftlichen Betrieb in Sachsen führt.

Das Haus Österreich (Habsburg-Lothringen)

Einer der bekanntesten deutschsprachigen Adligen ist Otto von Habsburg, ältester Sohn des letzten österreichischen Kaisers (geb. 1912, Anrede: Kaiserliche Hoheit). Auf einem Photo anlässlich der Krönung von Kaiser Karl I. zum König von Ungarn 1916 in Budapest sieht man den vierjährigen Erzherzog als Kronprinz neben Vater und Mutter, Kaiserin Zita.

Sechsundachtzig Jahre später, im Jahre 2002, feierte er seinen 90. Geburtstag mit einer Messe im Wiener Stephansdom, einem Festakt in der Hofburg und einem Galadiner in Schloss Schönbrunn. So hätte auch das Geburtstagsprogramm eines Kaisers von Österreich zu seinem 90. Geburtstag aussehen können. Aber bekanntlich ist »Dr. Habsburg« – in Österreich sind die Adelstitel abgeschafft – niemals Kaiser geworden. Zwei Jahre nach der Budapester Krönung musste Kaiser Karl in Österreich und Ungarn abdanken. Zwei Versuche, die Monarchie in Ungarn wiederherzustellen, schlugen 1921 fehl. 1922 starb Karl 34jährig in der Verbannung auf Madeira. 2004 wurde er vom Papst selig gesprochen. Sein Witwe Zita trug nur noch schwarz, 67 Jahre bis zu ihrem Tod 1989. Die Habsburgergesetze der Republik Österreich von 1919 enteigneten das Kaiserhaus und verhinderten die Wiedereinreise Otto von Habsburgs. Er lebte bis 1929 in Spanien, bis 1939 in Belgien und ging dann über Paris nach Washington. 1944 kehrte er nach Europa zurück. 1951 heiratete er Prinzessin Regina von Sachsen-Meiningen, mit der er fünf Töchter und zwei Söhne hat. Seit 1954 lebt die Familie in Pöcking am Starnberger See. 1661 verzichtete Otto von Habsburg auf seine Thronrechte, durfte aber erst 1966 wieder in die Alpenrepublik einreisen. Die Feiern zum 90. Geburtstag in Wien waren sicher auch so etwas wie eine Wiedergutmachung für die fast 50jährige Verbannung. Manchen schien es damals, als sei der umtriebige Kaiser-

Kaiser Karl I. von Österreich, Kronprinz Otto und Kaiserin Zita anlässlich der Krönung in Budapest 1916.

Otto von Habsburg

sohn bereits zu Lebzeiten zu einem Denkmal geworden. Und viele Kommentatoren meinten, dass er wohl ein guter Herrscher geworden wäre.

Otto von Habsburg veröffentlichte 35 Bücher in neun Sprachen zu Themen der Geschichte und der Europapolitik. Zwanzig Jahre lang, von 1979 bis 1999, saß er für die CSU im Europa-Parlament. 1997 war er dessen Alterspräsident. Seit 1973 ist er Präsident der Paneuropa Union. Als solcher sieht er die Einigung Europas unter christlichem Vorzeichen als Friedensvision für das 21. Jahrhundert.

Sein 1961 geborener ältester Sohn Karl heiratete an Silvester 1993 in Mariazell die Milliardärstochter Francesca von Thyssen-Bornemisza, mit der er die Kinder Eleonore Jelena, Ferdinand Zvonimir und Gloria hat. Karls Bruder Georg (geb. 1964) heiratete 1997 in Budapest Herzogin Eilika von Oldenburg. Das Paar hat die Kinder Zsofia, Ildiko und Karl-Konstantin.

Karl und Francesca von Habsburg mit ihrer Tochter Gloria

Streng genealogisch gibt es die Habsburger gar nicht mehr. Sie sind 1740 mit Kaiser Karl VI. im Mannesstamm ausgestorben. Doch hatte dieser 1713 in der Pragmatischen Sanktion die Erbfolge seiner Tochter Maria Theresia festgelegt. Durch ihre Ehe mit Franz Stephan von Lothringen, der seit 1745 als Franz I. Kaiser war, entstand das Haus Habsburg-Lothringen. Ihr Enkel Franz II. nahm 1804 den Titel eines Kaisers von Österreich an und legte 1806 die römisch-deutsche Kaiserkrone nie-

Bernhard Strigel, Die Familie Kaiser Maximilians I., nach 1515, Wien, Kunsthistorisches Museum

der, womit das Heilige Römische Reich deutscher Nation endete. Die Habsburger sind wohl die erfolgreichste Dynastie der europäischen Geschichte. Sie stammen von der Habsburg (Habichtsburg) im Schweizer Kanton Aargau, als Stammvater gilt Guntram der Reiche, der nach 973 starb. Rudolf I. war von 1273 bis 1291 deutscher König und erlangte das Herzogtum Österreich, die Voraussetzung für die Hausmacht der Habsburger. Von 1452 (Friedrich III.) bis zum Ende des Heiligen Römischen Reiches hatten die Habsburger mit der Ausnahme des Wittelsbachers Karl VII. 1742 bis 1745 stets die Kaiserwürde inne. Maximilian I. (reg. 1486–1519) betrieb eine für die Habsburger sprichwörtlich gewordene, erfolgreiche Heiratspolitik (»Bella gerant alii, tu, felix Austria nube« – Kriege führen die anderen, Du, glückliches Österreich, heirate!). Sie erbrachte dem Haus Burgund, Spanien mit Neapel-Sizilien und das Kolonialreich in Amerika. Maximilians Enkel Kaiser Karl V. (reg. 1519– 1554) konnte von sich sagen, dass in seinem Reich die Sonne nie unterginge. Er überließ seinem Bruder Ferdinand die österreichischen Erblande. Die spanische Linie erreichte unter Karls Sohn Philipp II. den Zenit ihrer Macht und starb im Jahre 1700 aus.

Die österreichische Linie gewann 1526/27 Böhmen und Ungarn und schuf damit die Grundlagen der bis 1918 bestehenden Donaumonarchie. Nachdem unter Kaiser Leopold I. 1683 die Türken vor Wien abgewehrt worden waren, begann die Expansion Österreichs auf den Balkan. Kaiser Franz Joseph I. (reg. 1848–1916) konnte sich der längsten Regierungszeit aller europäischen Monarchen rühmen. Er galt als Integrationsfigur seines Vielvölkerreiches, doch konnte er das Zerbrechen der Donaumonarchie durch den erstarkenden Nationalismus letztlich nicht verhindern. 1867, nach verlorenen Kriegen gegen Preußen und Italien, wurde das Kaisertum Österreich in die Doppelmonarchie Österreich-Ungarn (k.u.k. Monarchie) umgewandelt,

Bernardo Bellotto, Schloss Schönbrunn, 1759

für die Robert Musil die ironische Bezeichnung »Kakanien« prägte. Doch den slawischen Völkern wurde keine Selbstverwaltung zugestanden, was zu schweren Nationalitätenkonflikten führte. Zu Beginn des 20. Jahrhunderts lag eine melancholische Untergangsstimmung über dem Habsburgerreich. Um von dieser durch militärische Erfolge abzulenken, stürzten sich die Wiener Militärs 1914 nach dem Attentat auf den Thronfolger Franz Ferdinand in Sarajewo in den Krieg gegen Serbien, der sich zum Weltkrieg ausweitete und mit dem Untergang des Kaisertums in Russland, Deutschland und Österreich endete.

Franz Josephs Regierung war von persönlichen Tragödien überschattet: Sein Bruder Maximilian wurde als Kaiser von Mexiko 1867 erschossen. Sein Sohn, der labile Kronprinz Rudolf, nahm sich 1889 gemeinsam mit seiner Geliebten das Leben. Seine schöne und launenhafte Frau Elisabeth (»Sisi«), von der er sich zunehmend entfremdet hatte, wurde 1898 in Genf von einem Anarchisten erstochen. 1914 zog der Mord in Sarajewo das Reich in einen Krieg, den Franz Joseph nicht gewollt hatte. Allein den Untergang der Monarchie noch mitzuerleben, blieb ihm erspart: Er starb 1916 in Schönbrunn, wo er 86 Jahre zuvor geboren worden war.

Das Haus Oldenburg

Das Land Oldenburg, von 1815 bis 1918 Großherzogtum, ist seit 1946 ein Teil von Niedersachsen. Die 1088 erstmals erwähnten Grafen von Oldenburg waren Anfangs Vasallen Heinrichs des Löwen. Sie erlangten 1180 die Reichsunmittelbarkeit. Graf Christian wurde 1448 König von Dänemark und überließ das Stammland seinen jüngeren Brüdern. Der letzte Nachkomme aus dieser Linie war Graf Anton Günther (1603–67), der Teile des Oldenburger Schlosses erbauen ließ, in dem sich heute das Landesmuseum befindet. Auch als Deichgraf und Pferdezüchter erwarb er sich Verdienste um sein Land. Er setzte seine Verwandten, den König von Dänemark und den Herzog von Schleswig-Holstein-Gottorp, zu seinen Erben ein. 1777 wurde die Grafschaft unter Friedrich August, der auch Fürstbischof von Lübeck mit Sitz in Eutin war, zu einem Herzogtum erhoben. Auf dem Wiener Kongress 1815 wurde Oldenburg zum Großherzogtum proklamiert. Doch der Regent Peter Friedrich Ludwig führte den Großherzogstitel nicht. Erst sein Sohn nahm ihn 1829 an. Das Großherzogtum bestand aus drei weit entfernten Teilen: Dem Herzogtum Oldenburg im heutigen Niedersachsen, dem Fürstentum Lübeck in Ostholstein und dem Fürstentum Birkenfeld im heutigen Rheinland-Pfalz. Unter Peter Friedrich Ludwig entstand in Eutin ein kleiner Musenhof aufgeklärter Geister, der dem Städtchen den Ehrentitel »Weimar des Nordens« einbrachte. Der letzte Großherzog Friedrich August dankte 1918 ab und starb 1931. Ihm verblieb als Privatbesitz das Eutiner Schloss, das Schloss Rastede nördlich von Oldenburg und das Herrenhaus Güldenstein in Ostholstein. Das Schloss Eutin brachte die Familie vor wenigen Jahren in eine mit dem Land Schleswig-Holstein getragene Stiftung ein. Chef des Hauses ist Herzog Anton Günther (geb. 1923, Anrede: Königliche Hoheit), der Enkel des letzten Großherzogs.

Das Haus Preußen

Kein deutsches Fürstenhaus, abgesehen von den Habsburgern, hat einen so kontinuierlichen Aufstieg erlebt und ist im 20. Jahrhundert so tief gestürzt wie das Haus Preußen. Die Preußen wurden nacheinander zu Kurfürsten, Königen und Kaisern, mussten 1918

Adolph Menzel, Flötenkonzert in Sanssouci (Ausschnitt), Alte Nationalgalerie, Berlin. Friedrich der Große fühlte sich der französischen Aufklärung verbunden. Er berief den Philosophen Voltaire nach Potsdam und widmete sich in seinem Schloss Sanssouci als Komponist und Flötenspieler der Musik.

abdanken und hatten 1945 etwa 95 Prozent ihres Vermögens eingebüßt, darunter fast ihren gesamten Grundbesitz. Von ihren einstmals 73 Schlössern und Herrensitzen waren ihnen nur Zweidrittel ihrer Stammburg Hohenzollern geblieben, das dritte Drittel gehört der schwäbischen Linie des Hauses.

Im Unterschied zu den schwäbischen, katholischen Hohenzollern, die in Sigmaringen residieren, spricht man im Falle des Hauses Preußen von den fränkischen Hohenzollern. Sie sind seit der Reformation evangelisch. Diese Linie stellte seit 1191 die Burggrafen von Nürnberg. Bis Ende des 18. Jahrhunderts haben fränkische Hohenzollern in den Markgrafschaften Ansbach und Bayreuth regiert. Der entscheidende Schritt zur Großmachtstellung der fränkischen Hohenzollern fand 1415 statt, als Burggraf Friedrich VI. von Kaiser Sigismund mit der Markgrafschaft Brandenburg belehnt wurde und in den Rang eines der sieben Kurfürsten aufstieg. Die brandenburgischen Kurfürsten residierten in Berlin. 1618 fiel das Herzogtum Preußen, der Nachfolgestaat des Deutschen Ordens, mit der Hauptstadt Königsberg an Brandenburg. Der bekannteste Kurfürst ist Friedrich Wilhelm, der Große Kurfürst (reg. 1640–1688). Er gewann Territorien im Westfälischen Frieden 1648 und vergrößerte sein Land danach durch mehrere Kriege. Damit stieg er zum mächtigsten deutschen Fürsten nach dem Kaiser auf. Potsdam machte er zur Sommerresidenz. Sein Sohn Friedrich III. (reg. 1688–1714) arbeitete zielstrebig auf die Erlangung der Königswürde für das Herzogtum Preußen hin, das nicht zum Heiligen Römischen Reich gehörte. 1701 krönte er sich im Dom von Königsberg zum »König in Preußen« und nannte sich nun Friedrich I. Für den Gesamtstaat Brandenburg-Preußen kam allmählich der Name »Königreich Preußen« in Gebrauch. Das Berliner Stadtschloss ließ er prachtvoll erweitern, seiner Frau Sophie Charlotte erbaute er Schloss Charlottenburg. Sein Sohn Friedrich Wilhelm I. (reg. 1713–1740), genannt der »Soldatenkönig«, verabscheute den Prunk seines Vaters und investierte statt dessen in die preußische Armee, die er zur schlagkräftigsten Europas machte. Besonders angetan hatten es ihm die hochgewachsenen Soldaten seiner Leibgarde, die »Langen Kerls«. Er schuf den Typus des preußischen Beamten, des pflichtbewussten, unpolitischen Staatsdieners. Während der Soldatenkönig keinen einzigen Feldzug führte, fiel sein Sohn, Friedrich II. (reg. 1740–1786), den schon seine Zeitgenossen den Großen nannten, nach seiner Thronbesteigung in Schlesien ein, dass zu Österreich gehörte. Um Schlesien entbrannten drei Kriege, doch konnte Friedrich die Provinz am Ende halten. Er gilt trotz seiner widersprüchlichen Persönlichkeit als bedeutendster Preußenherrscher. Je nach Standort des Betrachters wurde er zum Gegenstand nationaler Heldenverehrung erhoben oder als Inbegriff preußisch-deutschen Militarismus und Ahnherr des Nationalsozialismus geschmäht.

Seinem Neffen und Nachfolger, Friedrich Wilhelm II. (reg. 1786–1797), haben Berlin und Potsdam einige Bauten und Parkanlagen zu verdanken wie die Pfaueninsel und das Marmorpalais. Friedrich Wilhelm III. (reg. 1797–1840), mit der legendären Königin Luise verheiratet, regierte Preußen in der durch Reformen geprägten, stürmischen napoleonischen Zeit. Unter ihm begann der Ausbau Berlins durch Friedrich Schinkel. Friedrich Wilhelm IV. (reg. 1840–1861), der »Romantiker auf dem Thron«, politisch reaktionär, doch den Künsten aufgeschlossen, lehnte 1848 die ihm von der Frankfurter Paulskirchenversammlung angebotene Kaiserkrone ab. Er sah sich als Herrscher von Gottes Gnaden, von einem demokratisch gewählten Parlament wollte er keine Krone annehmen. Seit 1858 wurde er von seinem Bruder Wilhelm vertreten, der 1861 König wurde. Wilhelm I. berief 1863 Otto von Bismarck zum Ministerpräsidenten, der fast 30 Jahre die preußisch-deutsche und europäische Politik dominier-

Tabatière Friedrichs des Großen, Moosachat, Brillanten, Gold, um 1767, Stiftung Preussische Schlösser und Gärten, Eigentum des Hauses Hohenzollern

Die mit Brillanten und Saphiren besetzte preussische Königskrone ließ Wilhelm II. 1889 anfertigen. Sie gehört zum Hohenzollern-Schatz, der sich im Privatbesitz des Hauses Hohenzollern befindet.

te und Wilhelm I. auf die Rolle des großväterlichen Repräsentanten Preußens und seit 1871 des Deutschen Reiches reduzierte. Bismarck gelang es in drei Kriegen gegen Dänemark, Österreich und Frankreich, Deutschland unter Preußens Vormacht zu einigen. 1871, mitten im Deutsch-Französischen Krieg, wurde König Wilhelm im Spiegelsaal von Versailles zum Deutschen Kaiser ausgerufen. Er starb hochbetagt im Jahre 1888, das als Dreikaiserjahr in die Geschichte einging. Sein Sohn, der als liberal geltende Friedrich III., war an Kehlkopfkrebs erkrankt und starb nach nur 99 Tagen Regierung. Dadurch wurde die Hoffnung zunichte, dass Friedrich unter dem Einfluss seiner englischen Frau Victoria Preußen-Deutschland zu einer parlamentarischen Demokratie nach englischem Vorbild umformen würde. Auf Friedrich folgte sein 29jähriger Sohn Wilhelm II., der letzte deutsche Kaiser, der 30 Jahre bis 1918 regierte.

Wilhelm II. ist die schillerndste Figur in der Geschichte der Hohenzollern. Sein englischer Vetter König Georg V. nannte ihn »the most brilliant failure in history.« Durch einen Kunstfehler bei der Zangengeburt litt er an einem verkrüppelten linken Arm. Wilhelm II. war intelligent und konnte sehr liebenswürdig sein. Andererseits war er unausgeglichen und schwer berechenbar und neigte dazu, seine Unsicherheit durch großspuriges Auftreten zu überspielen. Auf internationalem Parkett zerbrach er mit markigen Reden viel politisches Porzellan. 1890 entließ er Bismarck, der nach 1871 als Reichskanzler eine vorsichtige Außenpolitik betrieben hatte, und begann sein »persönliches Regiment.« Unter Historikern ist umstritten, wie groß sein tatsächlicher Anteil daran war. Jedenfalls unternahm er nichts, um Allianzen gegen Deutschland zu verhindern, weil er meinte, dass die weltpolitischen Gegensätze zwischen Russland, England und Frankreich zu groß seien, als dass sich diese Mächte gegen Deutschland verbünden könnten. Das war ein Trugschluss. Zwischen 1904 und 1906 bereinigten die drei Mächte ihre Differenzen und begründeten das Bünd-

Das Stadtschloss in Berlin, seit 1701 königliche Residenz, brannte im Zweiten Weltkrieg bei einem Luftangriff aus; die Ruine wurde 1950 gesprengt.

nissystem, mit dem sie 1914 in den Ersten Weltkrieg gegen Deutschland marschierten. Wirtschaftlich nahm Deutschland unter Wilhelms Regierung einen ungeheuren Aufschwung, Berlin wurde zur Weltstadt. Der Kaiser nutzte das neue Medium Film: Er war der erste deutsche Medienstar. Seine unstete Art gab ihm den Spitznamen: »Wilhelm der Plötzliche«. Sein Großvater sei der »greise Kaiser«, sein Vater der »weise Kaiser« und er sei nun der »Reisekaiser.« Der Kaiser besaß einen eigenen Hofzug und den Luxusdampfer »Hohenzollern« mit 350 Mann Besatzung, auf dem er insgesamt 4 Jahre seines Lebens verbrachte. Wilhelm II. galt als Symbolfigur des deutschen Flottenbaus, der den Gegensatz zu England vertiefte. Der Erwerb von Kolonien schien ihm wichtig, um Deutschlands Prestige in der Welt zu erhöhen. Eine Streitfrage bleibt, welche Mitschuld Wilhelm II. am Ausbruch des Ersten Weltkrieges trägt. In jedem Fall unternahm er nichts, um nach der Ermordung des österreichischen Thronfolgers 1814 die drohende Kriegsgefahr zu bannen. Während des Krieges zeigte sich, dass der rhetorische Säbelrassler den nervlichen Belastungen eines Weltkrieges nicht gewachsen war. Seit 1916 war Deutschland eine Militärdiktatur, der Kaiser nur noch ein »Schattenkaiser.«. Seit der Revolution 1918 im Exil in den Niederlanden, hoffte er lange, dass seine Untertanen ihn als Monarchen nach Deutschland zurückholen würden. Zu den Nazis hatte er ein gespaltenes Verhältnis. Auch sie beurteilte er vorrangig unter dem Aspekt, ob sie für die Restauration der Monarchie nützlich sein könnten. Das Pogrom gegen die deutschen Juden 1938 verurteilte er, doch schrieb er Hitler nach der Einnahme von Paris 1940 ein Glückwunschtelegramm. 1941 verstarb er in seinem Exil Huis Doorn bei Utrecht, wo er auch begraben liegt.

Wilhelms Sohn, Kronprinz Wilhelm, starb 1951. Das Land Preußen war bereits 1947 durch Alliierten Kontrollratsbeschluss aufgehoben worden. Kronprinz Wilhelms Sohn Louis Ferdinand, ein Amateurkomponist von großem persönlichem Charme, galt der Regenbogenpresse der frühen Bundesrepublik als Sympathieträger. In Bremen hatten er und seine Familie eine neue Heimat gefunden. 1961 erschienen Umfrageergebnisse, nach denen er als Bundespräsidenten-Kandidat 39 Prozent der Stimmen erhielt. Bis zu seinem Tod 1994 stand er loyal zum Grundgesetz. Seine beiden ältesten Söhne hatten nach den Hausgesetzen »unebenbürtig« geheiratet und mussten auf das Recht, Chef des Hauses zu werden, verzichten. Per Testament setzte Louis Ferdinand seinen Enkel Prinz Georg Friedrich (geb. 1976, Anrede: Königliche Hoheit) als Chef des Hauses Preußens ein. Er ist der Sohn seines 1977 an den Folgen eines Bundeswehr-Unfalles verstorbenen dritten Sohnes, der nach dem Vater ebenfalls

Die kaiserliche Familie im holländischen Exil.

Louis Ferdinand hieß. Die Onkel des jungen Prinzen fühlten sich vom Vater übergangen und setzten einen langen Erbstreit in Gang. Dabei stellten sie die Ebenbürtigkeitsklausel des Hausgesetzes in Frage und erhielten in der höchsten Instanz Recht. Das führte dazu, dass Prinz Georg Friedrich 2002 Kunstschätze der Familie in London versteigern musste, um die Pflichtteile seiner Verwandten auszahlen zu können.

Prinz Georg Friedrich von Preußen mit einem Porträt Wilhelms II. Der Prinz, der, wenn 1918 nicht die Monarchie abgeschafft worden wäre, jetzt deutsches Staatsoberhaupt wäre, hat am Glenalmond College in Schottland sein Abitur gemacht und nach dem Wehrdienst bei den Gebirgsjägern in Mittenwald an der Bergbauakademie in Freiberg in Sachsen Betriebswirtschaft studiert.

Das Haus Reuß

Kein deutsches Bundesland weist eine so hohe Dichte fürstlicher Residenzen auf wie Thüringen. Das macht das »grüne Herz Deutschlands« für Kulturtouristen interessant, stellt Landesregierung und Kommunen aber vor Probleme, da aus öffentlichen Haushalten des Landes eine große Zahl von Schlössern und ehemals fürstlichen Theatern unterhalten werden muss.

Neben den ernestinischen Wettinern, die sich in zahlreiche Herzogtümer zersplitterten, regierten zwei weitere Geschlechter bis 1918 ihre winzigen Territorien im heutigen Thüringen: Die 1971 im Mannesstamm ausgestorbenen Schwarzburger, die in zwei Linien in Rudolstadt und Sondershausen residierten, und die Fürsten Reuß. Die ältere Linie Reuß erlosch 1927, Mitglieder der jüngeren Linie leben heute zumeist in Frankfurt am Main, Süddeutschland und Österreich. Stammvater des Hauses Reuß ist Erkenbert, der 1122 genannt wird. Kaiser Heinrich VI. (zu dessen Ehren alle männlichen Nachkommen der Familie Heinrich heißen) erhob das Geschlecht zu Reichsvögten. Nach ihnen heißt die Gegend um Plauen Vogtland. Heinrich der Jüngere führte als Enkel des Königs Daniel von Galizien seit 1289 den Beinamen »der Russe« (Reuß oder lat. Ruthenus) und gab damit dem ganzen Geschlecht den Namen.

Die Reußen wurden 1673 Reichsgrafen und 1778 bzw. 1790 Reichsfürsten. Wichtigster Sitz war Schloss Osterstein in Gera, dass 1945 zerstört wurde. In Gera zeugen noch die Orangerie und das Theater im

Gera, Jugendstil-Theater, 1901/02

Jugendstil vom Mäzenatentum der Familie Reuß. Mit letzterem blieb der letzte Erbprinz auch nach 1918 künstlerisch aufs engste verbunden. 1997 erhielt die Familie Reuß umfangreichen Kunstbesitz zurückerstattet, den sie leider umgehend versteigern ließ. Für einen Teil der Kunstschätze, darunter Silbermöbel und Kunstkammerstücke, konnte die öffentliche Hand ein Nießbrauchrecht bis zum Jahr 2014 durchsetzen. Es bleibt zu hoffen, dass Mittel gefunden werden, um diese landesgeschichtlichen Zeugnisse zu erwerben und für die Region zu erhalten.

Das Haus Sachsen (Wettin)

Was muss man über die Wettiner wissen, wenn man sich für das Thema Adel nicht im geringsten interessiert? Man muss wissen, dass sie für die beiden Bundesländer Sachsen und Thüringen kulturell von ebenso überragender Bedeutung waren wie die Wittelsbacher für Bayern. Man muss von Friedrich dem Weisen, Luthers Schutzherrn, gehört haben und von August dem Starken sowie seinem Sohn August III., beides sächsische Kurfürsten und Könige von Polen, ohne die es kein »Elbflorenz« gäbe. Man sollte wissen, das Goethes Dienstherr und Freund, Carl August von Sachsen-Weimar, ein Wettiner war, und dass die meisten der kleinen Residenzstädte Thüringens, die diesem Bundesland einen unvergleichlichen Charme verleihen, Wettinersitze waren. Man sollte wissen, dass nicht nur Luther und Goethe, sondern auch Lucas Cranach, Johann Sebastian Bach, Friedrich Schiller und viele andere Geistesgrößen für Wettiner gearbeitet haben, und dass viele der bedeutendsten Bauwerke und Kunstsammlungen Deutschlands von Wettinern in Auftrag gegeben oder zusammengetragen wurden.

Die Wettiner werden früh erwähnt. Als Ahnherr gilt der Markgraf der Sorbischen Mark, Burkhard, der 908 im Kampf gegen die Ungarn fiel. Seit Thimo, Graf von Wettin (1091 gestorben), benannte sich das Geschlecht nach der Stammburg Wettin an der Saale, nördlich von Halle im heutigen Sachsen-Anhalt. Thimos Sohn, Markgraf Konrad I., der Große, begründete mit dem Erwerb der Markgrafschaft Meißen 1123 die landesherrliche Machtstellung der Wettiner in Sachsen, die bis 1918 andauern sollte. 1423 erlangten die Wettiner die Kurwürde. Damit waren sie in den Kreis der sieben ranghöchsten Fürsten des Reiches aufgestiegen.

Albrecht Dürer, Friedrich der Weise, um 1496, Staatliche Museen zu Berlin – Stiftung Preussischer Kulturbesitz, Gemäldegalerie

1485 erfolgte die Teilung des Hauses Wettin in die seither nebeneinander bestehende ernestinische und die albertinische Linie. Gemeinsam blieb zunächst der Silberbergbau im Erzgebirge, welcher den Wettinern großen Reichtum bescherte. Die staatsrechtlich bis 1918 und hausrechtlich bis heute gültige Aufteilung schwächte die Machtstellung des Hauses und verhinderte die Herausbildung eines großen deutschen Mittelstaates. Indirekt stärkte sie die Rolle Brandenburg-Preußens, das ab dem 17. Jahrhundert zur militärischen Vormacht der Region aufrückte. Im Jahre 1547 ging die Kurwürde von der ernestinischen Linie an die albertinische über, die damit die neue Hauptlinie wurde. Die Albertiner bauten Dresden anstelle von Meißen zur sächsischen Landeshauptstadt aus. Obgleich die Wettiner Vorreiter der Reformation gewesen waren, konvertierte Kurfürst August der Starke zum Katholizismus, um sich 1697 zum König von Polen wählen zu

Canaletto, Der Neumarkt in Dresden mit der Frauenkirche vom Judenhofe aus (Ausschnitt), 1740–51, Dresden, Gemäldegalerie

lassen. Da auch sein Sohn August III. polnischer König wurde, blieb die polnische Krone bis 1763 beim sächsischen Kurhaus. 1806 wurde Sachsen wie Bayern und Württemberg durch Napoleons Gnaden zum Königreich erhoben. Erster König wurde Friedrich August I. Da er sich, als Napoleons Stern im Sinken war, nicht rechtzeitig von ihm abwandte, wäre Sachsen auf dem Wiener Kongress um ein Haar von Preußen geschluckt worden. Stattdessen fiel nur die nördliche Hälfte an Preußen.

Im 19. Jahrhundert taten sich die auf ihr kleines Reich reduzierten Könige als Förderer von Kunst und Wissenschaften hervor, einige wie der Danteübersetzer König Johann verkörperten gar den Typus des bürgerlichen Gelehrten. Der letzte König von Sachsen, Friedrich August III., war ein populärer Pechvogel, dem die Frau mit dem italienischen Musiker Enrico Toselli durchgebrannt war und der in Uniform immer eine schlechte Figur machte. Von ihm sind bis heute in Sachsen zahlreiche Anekdoten im Umlauf. Als er 1918 abdankte, soll er den Revolutionären sarkastisch gesagt haben: »Macht Euern Dreck alleene!« Er starb 1932 auf seinem Schloss Sibyllenort in Schlesien.

Chef des Königlichen Hauses Sachsen ist Maria Emanuel Markgraf von Meißen (geb. 1926, Anrede: Königliche Hoheit), dessen Ehe mit Prinzessin Anastasia-Luise von Anhalt kinderlos geblieben ist, womit die Erbfolge an seine Vettern, die Nachkommen seines Onkels Prinz Ernst Heinrich, übergehen dürfte, die inzwischen aus Kanada, wohin sie ausgewandert waren, zurückgekehrt sind. Die ernestinische Linie teilte sich im Laufe ihrer Geschichte in insgesamt 22 (!) Linien, da im Hausgesetz die gleichberechtigte Erbfolge aller Söhne festgelegt war. Zu den idealtypischen Residenzen der Ernestiner zählen Weimar, Gotha, Eisenach, Meiningen, Altenburg und Coburg, das seit 1920 zu Bayern gehört – alles Städte, ohne die das kulturelle Antlitz Deutschlands um vieles ärmer wäre. Heiratspolitisch besonders erfolgreich war im 19. Jahrhundert das Haus Sachsen-Coburg und Gotha. Die Coburger

Balthasar Permoser und Johann Melchior Dinglinger, Mohrenfürst, eine Smaragdstufe präsentierend, um 1724, Ebenholz, vergoldetes Silber, Grünes Gewöbe, Dresden. Der Smaragd kam 1581 als Geschenk von Kaiser Rudolf II. in den Besitz der Wettiner, die Statuette wurde für das Pretiosenkabinett des Grünen Gewölbes anfertigt.

Für August II., den Starken, schufen Matthäus Daniel Pöppelmann und Balthasar Permoser den Dresdner Zwinger, 1711–1722.

gingen mit so vielen europäischen Königshäusern dynastische Verbindungen ein, dass Bismarck, der sie hasste, vom »Gestüt Europas« sprach. Prinz Albert von Sachsen-Coburg heiratete die englische Queen Victoria und wurde zum Stammvater des englischen Königshauses, das sich während des Ersten Weltkrieges 1917 in Windsor umbenannte. Sein Onkel Prinz Leopold wurde 1831 erster König der Belgier. Auch in Bulgarien und Portugal saßen Coburger auf dem Thron. Die Mutter von König Carl XVI. Gustaf von Schweden war ebenfalls eine Coburger Prinzessin. Chef des Hauses Sachsen-Coburg und Gotha ist Prinz Andreas (geb. 1943, Anrede: Hoheit), der in Coburg lokalpolitische und gesellschaftliche Verpflichtungen wahrnimmt und seit 2002 Ehrenbürger von Gotha ist.

Das Haus Schaumburg-Lippe

Seit 2004 ist Alexander Fürst zu Schaumburg-Lippe (geb. 1958, offizielle Anrede: Hochfürstliche Durchlaucht) Schlossherr in Bückeburg im westlichen Niedersachsen. Es ist vielleicht die eindrucksvollste Schlossanlage im Land, in jedem Fall die wichtigste in Privatbesitz. Bückeburg, das Idealbild einer kleinen Residenz, war bis 1918 Hauptstadt des Fürstentums und bis 1946 des Landes Schaumburg-Lippe. Bis heute hat es sich eine eigene Identität bewahren können. Noch vor wenigen Jahren konnte man alltäglich Bückeburgerinnen in ihrer farbenfrohen Tracht begegnen. Der Heidedichter Hermann Löns, den es vor dem Ersten Weltkrieg als Redakteur nach Bückeburg verschlagen hatte, hat sich in seiner Satire »Duodez« über die beengten Verhältnisse im Fürstentum und bei Hofe lustig gemacht. Das Land sei so klein, dass alle Kegel-

Fürst Alexander zu Schaumburg-Lippe mit seiner Mutter, Fürstin Benita zu Schaumburg-Lippe, an der Götterpforte im Schloss Bückeburg

bahnen gekrümmt sein müssten. Der Fürst dürfe in seinem Wald »nur längs und nicht quer schießen, da er andernfalls königlich preußische Untertanen anbleien« würde.

Es war indes nicht immer so provinziell: Im 18. Jahrhundert war der Bückeburger Hof des Grafen Wilhelm ein kleines Zentrum der Aufklärung. Hier wirkten unter anderem Johann Gottfried Herder und ein Sohn Johann Sebastian Bachs, Johann Christoph, der »Bückeburger Bach«. Graf Wilhelm war ein bedeutender Feldherr, der die Festung Wilhelmstein im Steinhuder Meer anlegte, die heute noch dem Fürstenhaus gehört. Die dortige Militärschule brachte den preußischen General Scharnhorst hervor.

In der Rangfolge der Bundesfürsten des Deutschen Reiches von 1871 stand Fürst Adolf Georg von Schaumburg-Lippe an vorletzter Stelle. Andererseits zählte das Fürstenhaus zu denjenigen mit dem größten Privatvermögen. Es wurde auf etwa 500 Millionen Goldmark geschätzt. Sein privater Grundbesitz betrug ein Mehrfaches vom Umfang seines Fürstentums. Das gab dem vorletzten Fürsten Georg (1893–1911) die Mittel, Schloss Bückeburg im großen Stil zu erweitern. Die wichtigsten Innenräume stammen jedoch aus der Zeit des Grafen Ernst, der von 1601 bis 1622 regierte und 1619 vom Kaiser den Fürstentitel erhielt. Dieser Mann von europäischem Format ließ, inspiriert von seinen Italienreisen, die Kapelle und den Goldenen Saal mit der Götterpforte im Stil des Manierismus ausstatten. Im benachbarten Stadthagen errichtete er das fürstliche Mausoleum mit Skulpturen von Adriaen de Vries. Ein spätes Echo des Stadthagener Mausoleums ist das neue Mausoleum im Bückeburger Schlosspark, das 1911 bis 1916 für den letzten Fürsten Adolf für die damals ungeheure Summe von 1 Million Goldmark errichtet wurde.

Das Haus Schaumburg-Lippe gehört zu den wenigen, die nach der Abdankung 1918 bis heute in ihrer alten Residenz wohnen. Der jetzige Fürst Alexander zu Schaumburg-Lippe, in erster Ehe mit der Modemacherin Prinzessin Marie Louise (»Lilly«) von Sayn-Wittgenstein-Berleburg verheiratet, ist gelegentlich in den Schlagzeilen, zuletzt wegen seiner ungeklärten Freundschaft zu Jette Joop. Er ist Sammler zeitgenössischer Kunst und bemüht sich, das Erbe seiner Vorfahren zu bewahren und mit vielfältigen Aktivitäten Leben in das Schloss zu bringen. Dazu gehört auch das mit EU-Mitteln geförderte Projekt »Erlebniswelt Weser-Renaissance«.

Adriaen de Vries, Grabmonument für Graf Ernst I. im Mausoleum Stadthagen, 1618–1624. Stünde das Bauwerk in Florenz oder Prag, würde es alljährlich von Millionen Menschen besucht werden.

Das Haus Schleswig-Holstein

Das nördlichste deutsche Bundesland ist die Heimat des herzoglichen Hauses Schleswig-Holstein. Das Herrscherhaus betrieb Jahrhunderte lang hohe Politik im gesamten Norden Europas. Zu den skandinavischen Könighäusern und dem russischen Zarenhaus bestanden enge dynastische Verbindungen.

Glücksburg, ein Traum von einem Wasserschloss, ist die Visitenkarte der Familie. Unmittelbar an der dänischen Grenze gelegen, ist es das nördlichste Schloss Deutschlands. Es war Sitz dänischer Könige und gab dem dänischen Königshaus auch seinen Namen. Schlossherr ist der 1949 geborene Prinz Christoph zu Schleswig-Holstein-Sonderburg-Glücksburg, den hier oben alle Welt »Prinz Holstein« nennt (geb. 1949, offizielle Anrede: Hoheit). Er ist darüber hinaus für den Unterhalt von 40 weiteren denkmalgeschützten Objekten verantwortlich, darunter Herrenhäuser, Stallungen, Landarbeiterkaten und andere, das Antlitz der Landschaft prägende Bauten, die auf Grund der hohen denkmalpflegerischen Auflagen kaum mehr rentabel zu betreiben sind. Die Familie bemüht sich, das Schloss Glücksburg für Besucher zunehmend attraktiver zu gestalten. Die Schlosskapelle bildet den stilvollen Rahmen für Hochzeiten, die Festsäle können gemietet werden. Prinz Christoph bewohnt mit seiner

Prinz Christoph zu Schleswig-Holstein vor Schloss Glücksburg

Frau Elisabeth, einer geborenen Prinzessin zur Lippe-Weißenfeld, und vier Kindern das nahe Herrenhaus Grünholz in Thumby. Was mit nordischem Understatement als Herrenhaus bezeichnet wird, heißt in anderen Gegenden Schloss. Typisch an den Herrenhäusern ist, dass sie immer Maß halten, ein »schleswig-holsteinisches Versailles« sucht man vergebens. Im Osten Schleswig-Holsteins haben sich circa 100 Herrenhäuser erhalten, die eine architektonische Zierde des Landes sind und über eine Fülle an Zeugnissen adliger Wohnkultur verfügen. Eine von der britischen Besatzungsmacht 1945 betriebene Bodenreform blieb in den Anfängen stecken. Kulturpolitisch muss man sagen: zum Glück. Denn nur weil viele Güter 1000 Hektar und mehr »unterm Pflug« haben, war es möglich, diese Gesamtkunstwerke zu erhalten. Die Herrenhäuser leben vom Land. Das ist auch in Grünholz so und kommt schon durch die bauliche Anlage zum Ausdruck: Es ist Fokus der Stallungen, Scheunen, Remisen und sonstigen Wirtschaftsbauten. Ein landwirtschaftlicher Großbetrieb, der von dem studierten Agronomen Prinz Holstein modern und mit Leidenschaft geführt wird.

Das Haus Waldeck

Bad Arolsen, die Residenzstadt des Fürstentums Waldeck im nordhessischen Bergland, wird gern von holländischen Touristen besucht. Hier wurde 1858 die spätere holländische Königin Emma, Urgroßmutter von Königin Beatrix, geboren. Sie heiratete 1879 Wilhelm III., König der Niederlande. Seit 1890 war sie bis 1898 für ihre minderjährige Tochter, Königin Wilhelmina, Regentin der Niederlande.

Arolsen überrascht, man möchte fast sagen, schockiert den Besucher mit einem riesenhaften Barockschloss, das bis heute von der fürstlichen Familie bewohnt wird. Von den zahlreichen Schlössern, die im Barockzeitalter von deutschen Potentaten errichtet wurden, um dem französischen Sonnenkönig nachzueifern, ist Arolsen eines der größten und dasjenige, das dem Vorbild von Versailles am nächsten kommt. Die Grafen von Waldeck waren 1682 in den Fürstenstand erhoben worden und wollten mit dem Bau ihre Standeserhöhung sowie ihre Souveränität gegenüber Hessen unterstreichen. Doch mit dem kolossalen Projekt überforderte das Fürstenhaus die Finanzkraft seiner Untertanen. Der Innenausbau des Schlosses konnte erst im 19. Jahrhundert vollendet werden und die auf dem Reißbrett geplante Residenzstadt entwickelte sich lange nicht über bescheidene Anfänge hinaus.

Das Fürstenhaus betrieb seit 1668 den Ausbau von Pyrmont zum wichtigsten Modebad Norddeutschlands, weil es sich durch den Kuraufenthalt hochgestellter Persönlichkeiten Ansehen und Einnahmen versprach. Als Mitglied des Rheinbundes überstand das Fürstentum die napoleonische Flurbereinigung. Doch nachdem 1866 das benachbarte Kurhessen an Preußen gefallen war, endete auch die Unabhängigkeit Waldecks: Im Jahr darauf trat der Fürst den größten Teil seiner Rechte an Preußen ab, blieb jedoch nominell Souverän des Fürstentums. Der letzte Fürst Friedrich dankte 1918 ab. Das Schloss und seine Kunstschätze wurden in eine Landesstiftung eingebracht. Die im Waldecker Land angesehene Familie bemüht sich vorbildlich um den Erhalt dieses kulturellen Erbes. Fürst Wittekind (geb. 1936), der darauf verzichtet, sich von seinen Mitarbeitern mit dem im Süddeutschen noch immer gängigen Titel »Durchlaucht« anreden zu lassen, wird dabei von seiner österreichischen Frau Cecilie unter-

Das barocke Schloss Arolsen

J. C. Haselmeyer schuf dieses »Schäferpaar« um 1765 für die Ludwigsburger Porzellanmanufaktur.

stützt. Sie legt als ausgebildete Diplomrestauratorin auch gern selbst Hand an, um Kunstwerke vor drohendem Verfall zu retten.

Das Haus Württemberg

Auf dem Rotenberg bei Stuttgart stand die Burg Wirtemberg, der Stammsitz des Geschlechtes, das 1092 das erste Mal erwähnt wird. Allmählich entwickelte sich das Grafengeschlecht zur wichtigsten Macht im Neckartal. Populär ist Graf Eberhard »im Bart«, der 1482 die Unteilbarkeit des Landes festlegte und 1495 den Herzogstitel erlangte. Er führte die Schulpflicht ein und gründete die Universität Tübingen, der sich das Haus Württemberg bis heute verbunden fühlt – der gegenwärtige Chef des Hauses, Herzog Carl, ist dort Ehrensenator.

Im 16. Jahrhundert wurde Stuttgart Landeshauptstadt. Während des Absolutismus entfalteten die Württemberger eine rege Bautätigkeit, die sie zu den bedeutendsten Bauherren Südwestdeutschlands machte. Höhepunkt dieser barocken Prachtentfaltung ist Schloss Ludwigsburg, die größte Schlossanlage Deutschlands, 1704 bis 1733 unter Herzog Eberhard Ludwig erbaut. Die enormen Ausgaben führten jedoch zu ständigen Streitigkeiten mit den Landständen und ernsten Verfassungskrisen. Opfer dieser Gegensätze wurde 1737 der jüdische Hoffaktor Joseph Süß-Oppenheimer, genannt Jud Süß. Ein Kranz von Schlössern und Parkanlagen, darunter Favorite, Monrepos, Solitude und Hohenheim, entstand im weiteren 18. Jahrhundert, besonders unter Herzog Carl Eugen, der auch das Neue Schloss in Stuttgart erbauen ließ und 1785 die Ludwigsburger Porzellanmanufaktur gründete. Die große Bautradition setzten die Regenten des 19. Jahrhunderts mit Schloss Rosenstein und der märchenhaft exotischen Wilhelma, heute der botanisch-zoologische Garten von Stuttgart, fort. Von all diesen Schlössern befindet sich nur noch Monrepos in Familienbesitz. Dort ist heute ein Schlosshotel untergebracht. In der

Herzog Carl von Württemberg und Herzogin Diane, eine geborene Prinzessin von Frankreich. Die Herzogin ist als Bildhauerin und Malerin international erfolgreich.

Endphase des Heiligen Römischen Reiches 1803 wurden die Württemberger Kurfürsten, 1806 Könige von Napoleons Gnaden. Zwischen 1803 und 1810 verdoppelte sich das Staatsgebiet.

Da der letzte König von Württemberg, Wilhelm II., keine Söhne hatte, erbte die katholische Linie unter Herzog Albrecht das Hausvermögen. Sie hatte im 19. Jahrhundert in Wien gelebt, das Württemberg-Palais, heute das Luxushotel Imperial, erinnert an diese Episode. König Wilhelm lebte nach seiner Abdankung bis zu seinem Tod 1921 im Jagdschloss Bebenhausen bei Tübingen, seine Nachfolger bewohnen Schloss Altshausen in Oberschwaben, eine ehemalige Deutschordenskommende. Der Chef des Hauses, Herzog Carl (geb. 1936, Anrede: Königliche Hoheit) ist mit Diane, Prinzessin von Frankreich, verheiratet, die als international erfolgreiche Bildhauerin und Malerin arbeitet und kürzlich in Frankreich Memoiren veröffentlicht hat. Die umfangreichen Besitzungen des Hauses, Land- und Forstwirtschaft, Weinbau, Immobilien und Unternehmensbeteiligungen, werden von Altshausen und Friedrichshafen aus verwaltet. Herzog Carl genießt im Lande Baden-Württemberg hohen Respekt und erfreut sich bei der ortsansässigen Bevölkerung großer Beliebtheit, auch, weil er bei Familienfesten die gesamte Einwohnerschaft von Altshausen einlädt. Der Herzog nimmt im Land repräsentative Verpflichtungen wahr, waltet als Schirmherr kultureller und karitativer Veranstaltungen und wurde vom Land Baden-Württemberg als Wahlmann in die Bundesversammlung, die den Bundespräsidenten wählt, geschickt. Er engagierte sich lange Zeit für das Rote Kreuz und im Verband Katholischer Privatschulen. Die sechs Kinder des Herzogspaares sind »standesgemäße« Eheverbindungen eingegangen, u.a. mit den Häusern Bayern, Wied und Waldburg-Zeil. Der dritte Sohn, Herzog Philipp, leitet als promovierter Kunsthistoriker das Auktionshaus Sotheby's in Deutschland und Frankreich.

Das Palais Auersperg in Wien, erbaut von Johann Lukas von Hildebrandt, 1706, seit 1781 im Besitz der Familie, heute als Veranstaltungs- und Ausstellungsgebäude genutzt.

Auersperg

Das Palais Auersperg zählt zu den prächtigsten Adelspalästen der österreichischen Hauptstadt. Es hat zum Ruf Wiens als Musik- und Theaterstadt auf vielfältige Weise beigetragen. Glanzvolle Soireen und Konzerte, bei denen Mozart und Christoph Willibald Gluck auftraten, führten im 18. Jahrhundert alles, was in Wien Rang und Namen hatte, hierher. Das 1220 erwähnte Geschlecht stammt aus einer deutsch-slawischen Grenzregion, der Krain (heute Slowenien), wo südlich von Laibach (Ljubljana) die Burg Auersperg steht. Der Überlieferung nach leitet das Geschlecht seine Herkunft von der Burg Ursberg bei Mindelheim in Schwaben her. Als vermuteter Ahnherr gilt Adolf von Ursperg, dessen drei Söhne im 11. Jahrhundert die Burg Auersperg erbaut haben sollen. Heutiger Chef des Hauses ist Fürst Franz Josef von Auersperg-Trautson (Anrede: Durchlaucht).

Bentheim

Die Fürsten von Bentheim sind in zwei Linien (Bentheim-Tecklenburg sowie Bentheim und Steinfurt) im südwestlichen Niedersachsen und im Münsterland beheimatet. Beide Linien waren im alten Reich Reichsgrafen, die im Jahre 1817 als Entschädigung dafür, dass sie ihre Souveränität an Preußen verloren hatten, in den preußischen Fürstenstand erhoben wurden. Die namensgebende Burg Bentheim, die größte Niedersachsens, liegt an der holländischen Grenze und kann besichtigt werden. Hier lebt Prinz Reinhard zu Bentheim und Steinfurt. Sein älterer Bruder, Fürst Christian (geb. 1923, Anrede: Durchlaucht), wohnt auf Schloss Burgsteinfurt, der bedeutendsten Wasserburg Westfalens, und ist mit einer geborenen Gräfin Pückler verheiratet. Christian wurde 1961 Fürst, da sein älterer Bruder, Erbprinz Alexis, 1943 als Jagdflieger über dem Mittelmeer abgestürzt war. Das Fürstenpaar hat den ältesten Sohn von Prinz Reinhard, den 1977 geborenen Prinzen Carl Ferdinand, als Nachfolger adoptiert. Teile von Schloss Burgsteinfurt sind im Rahmen von Schlosskonzerten zugänglich. Von kulturhistorischer Bedeutung ist das »Bagno« in Burgsteinfurt, ein Landschaftspark im englischen Stil aus dem 18. Jahrhundert, den die Grafen als frühe Touristenattraktion anlegen ließen, um die Einnahmen der Grafschaft zu erhöhen.

Castell

Der 1057 genannte Rupert de Castello ist der Ahnherr dieser im Mainfränkischen beheimateten reichsgräflichen Familie. 1806 fiel die kleine Grafschaft an Bayern. 1901 erhob der bayerische Prinzregent die beiden bis heute bestehenden Linien Castell-Castell und Castell-Rüdenhausen in den Fürstenstand. Die beiden Familienzweige bewohnen die Schlösser Castell und Rüdenhausen am Steigerwald. Sie betreiben Land- und Forstwirtschaft sowie ausgedehnten, mustergültigen Weinbau, dessen Erzeugnisse in den tiefen Kellern von Schloss Castell lagern. Zu den Unternehmen des Gesamthauses gehört auch die 1774 gegründete »Fürstlich Castell'sche Bank.« Die übrigen Mitglieder der

Die Firma Faber-Castell produziert unter anderem die berühmten grünen Bleistifte.

vielköpfigen Familie leben über ganz Deutschland verstreut, aber auch in Österreich, Tschechien, Italien, England, Holland, Dänemark, Finnland, den USA, Chile und Namibia und gehen als Ärzte, Rechtsanwälte und Architekten bürgerlichen Berufen nach. Der Linie Castell-Rüdenhausen entstammt die Mutter des Chefs des Hauses Preußen, Prinz Georg Friedrich, Gräfin Donata. Aus dieser Linie gingen auch die Grafen von Faber-Castell hervor. Graf Alexander zu Castell-Rüdenhausen heiratete 1898 die Industriellentochter Ottilie von Faber und nannte sich Graf von Faber-Castell. Die Bleistiftfirma A.W. Faber war ein internationales Unternehmen mit Niederlassungen in New York, Paris und London.

Erbach

Aus den Tiefen des Odenwaldes stammt das Reichsgrafengeschlecht der Erbach. Die dunklen Urwälder und dünn besiedelten Täler der deutschen Mittelgebirge sind typisches Grafenland, deutlich unterschieden vom weiträumigen Landschaftsbild der größeren Territorialfürstentümer. Ihre Abgeschiedenheit von wichtigen Handelsrouten hat die weitere Expansion verhindert, doch gleichzeitig auch ihre Unabhängigkeit bis zum Ende des alten Reiches 1806 gesichert. Das Haus Erbach besteht heute in zwei gräflichen (Erbach-Erbach und Erbach-Fürstenau) sowie einer erst 1903 vom Großherzog von Hessen gefürsteten Linie (Erbach-Schönberg). Ihr historischer Verdienst liegt darin, im Odenwald über Jahrhunderte eine Kulturlandschaft von bescheidenem Wohlstand mitgeschaffen zu haben, die jetzt eine attraktive Touristenregion darstellt. Einer Familienlegende nach stammen die Grafen von Einhart, dem Bio-

Brosche aus geschnitztem Elfenbein, hergestellt Mitte des 19. Jahrhunderts in Erbach im Odenwald, Schmuckmuseum Pforzheim

graphen Karls des Großen, ab, doch lassen sie sich urkundlich erst ab 1148 nachweisen. Bedeutendstes Familienmitglied ist Graf Franz I. (1754–1823), Muster eines aufgeklärten Reichsgrafen. Seine Sammlungen im Erbacher Schloss bilden einen zeittypischen Dreiklang aus Antikenverehrung, Mittelaltersehnsucht und Jagdleidenschaft und wurden schon von Goethe bewundert. Sie stehen den zeitgleich entstandenen Schöpfungen des Fürsten von Anhalt-Dessau nicht nach und bilden gewissermaßen ein »Wörlitz im deutschen Wald.«. Das Schloss, der Hofgarten mit Orangerie und der nahgelegene englische Garten Eulbach mit dem romantischen Jagdschloss, in dem die gräfliche Familie lebt, machen Erbach zum Idealtypus einer deutschen Kleinresidenz. 2004 hat die Familie Schloss Erbach an das Land Hessen verkauft.

Eine Erbacher Besonderheit ist die von Graf Franz eingeführte Elfenbeinschnitzkunst, der damit die Not der Bevölkerung nach dem Versiegen der Eisenerzquellen zu lindern trachtete. Das Erbacher Elfenbeinmuseum zeigt historische Prunkstücke. Bis heute gehen einige Elfenbeinschnitzer ihrem Handwerk nach: Um nicht gegen das Washingtoner Artenschutzgesetz zu verstoßen, schaffen sie Schmuckstücke aus »Altbeständen« – genau registrierten Stoßzähnen von Dickhäutern, die in Zoo und Zirkus ihr Gnadenbrot verzehrt haben.

Esterházy

Vom 18. Jahrhundert bis 1945 waren die 1712 vom Kaiser in den Reichsfürstenstand erhobenen Fürsten von Esterházy die größten Grundbesitzer Ungarns. Ihr ungeheures Privatvermögen übertraf selbst das der Habsburger, deren treue Gefolgsleute sie aber stets blieben. Bis in das 20. Jahrhundert hinein bekleideten Mitglieder der Familie als Diplomaten, Militärs und Kirchenfürsten hohe Ämter. Fürst Nikolaus der Prachtliebende (1714–1790) ließ das Schloss Esterháza in Fertöd erbauen, das größte Ungarns, oft als »ungarisches Versailles« bezeichnet. Er war ein Förderer der Musik, unter-

Der Schriftsteller Peter Esterházy, geb. 1950 in Budapest

hielt ein eigenes Opernhaus und beschäftigte Joseph Haydn als Hofkapellmeister. Seine Nachfolger, die Fürsten Nikolaus II. und Paul Esterházy, bauten eine Gemäldesammlung auf, die 1870 vom ungarischen Staat angekauft wurde und den Kernbestand des Museums der Bildenden Künste in Budapest bildet. Hauptwerk ist die »Madonna Esterházy« von Raffael.

Heute verfügen die Esterházy im ursprünglich ungarischen, seit 1919 österreichischen Burgenland über Ländereien und Immobilien wie Schloss Eisenstadt und Burg Forchtenstein, womit sie zu den reichsten Familien Österreichs zählen.

Seit 1804 gehört ihnen auch Schloss Edelstetten in Bayern. Einige Familienmitglieder blieben nach der kommunistischen Machtübernahme 1945 in Ungarn und durchlitten ein schweres Schicksal, über das der Schriftsteller Peter Esterházy (geb. 1950), das derzeit bekannteste Familienmitglied, in seinen Romanen schreibt. In seiner Heimat mindestens genau so bekannt ist sein jüngerer Bruder Martin: Er war Fußballspieler der ungarischen Nationalmannschaft.

Schloss Esterháza bei Fertöd, das »ungarische Versailles«.

Fürstenberg

Die Fürsten zu Fürstenberg gehören zu den bekanntesten deutschen Adelsfamilien, zumal einige Mitglieder die Regenbogenpresse bevölkern und das Fürstenhaus auf Grund spektakulärer Kunstverkäufe in die Schlagzeilen geriet. Internationalen Zuspruchs erfreuen sich die Produkte der Fürstenberger Brauerei.

Der schwerreiche Fürst Max Egon II. (1863–1941) war eng mit Kaiser Wilhelm II. befreundet, der ihn häufig zur Jagd in Donaueschingen besuchte. Den 500. Fuchs, den »Seine Majestät« auf einer dieser Jagden schoss, kann man heute noch dort bewundern. Als einer der größten Grundbesitzer in Böhmen und Österreich war Max Egon auch Kaiser Franz Joseph eng verbunden und nahm so eine Schlüsselstellung in den Beziehungen beider Reiche ein. Sein Schloss Lány bei Prag ist heute Sommersitz des tschechischen Präsidenten. Noch bis in die Zwischenkriegszeit leistete sich das Fürstenhaus einen eigenen Hofzug, in der Adenauerzeit immerhin noch einen privaten Salonwagen, der an die fahrplanmäßigen Züge angekoppelt wurde.

Seinen Namen trägt das Geschlecht nach der Burg Fürstenberg bei Donaueschingen. Graf Heinrich war ein Parteigänger Rudolfs von Habsburg, des ersten Königs aus diesem Geschlecht. Seit damals blieb das Schicksal der Fürstenberger durch sieben Jahrhunderte mit dem der Habsburger verknüpft. Ihre Machtbasis vergrößerten die Fürstenberger durch geschickte Heiratspolitik sowie in militärischen und diplomatischen Diensten am Wiener Kaiserhof, für die sie 1716 in den Reichsfürstenstand erhoben wurden. Ihr Staatsgebilde zwischen Schwarzwald und Bodensee bestand bis 1806; dann wurde es unter Baden, Württemberg und Hohenzollern aufgeteilt. Doch verstanden es die Fürstenberger, ihre wirtschaftliche und gesellschaftliche Position zu halten. Das Schloss Donaueschingen erinnert vom Charakter an ein Grandhotel der vorletzten Jahrhundertwende. Es wurde ab 1893 unter Fürst Karl Egon IV. und seiner französischen Frau Dorothea, einer geborenen Gräfin Talleyrand-Périgord, historisie-

Fürst Heinrich zu Fürstenberg

rend, doch mit dem neuesten technischen Komfort ausgestattet. Neben dem Schloss liegt im Park die viel besuchte Donauquelle.

Noch bis vor wenigen Jahren suchte die Kunstsammlung des Hauses Fürstenberg unter den adligen Privatsammlungen in Deutschlands ihresgleichen. Die ZEIT rühmte sie als »Louvre auf dem Lande.« Dann setzte der Ausverkauf ein: Die berühmte Hofbibliothek wurde verkauft, wobei das Land Baden-Württemberg die wichtigsten Stücke, darunter die berühmte Nibelungenhandschrift, erwerben konnte. Auch die Sammlung altdeutscher Malerei wurde veräußert: Einige Hauptwerke gelangten in die Stuttgarter Staatsgalerie. Der heutige Chef des Hauses, Fürst Heinrich (Anrede: Durchlaucht) und seine Frau Maximiliane, geborene Prinzessin zu Windisch-Graetz, sind mit den »Donaueschinger Tagen für zeitgenössische Musik« und den alljährlich im September stattfindenden internationalen Reitturnieren verbunden. Sie leben in dem Renaissanceschloss Heiligenberg über dem Bodensee, von dem man einen Ausblick genießt, wie ihn wenige Plätze Deutschlands bieten: Bei klarem Wetter sieht man den gesamten Bodensee und die Alpenkette von der Zugspitze bis zum Montblanc. Eine weitläufig verwandte Cousine ist Prinzessin Ira von Fürstenberg, Tochter von Prinz Tassilo zu Fürstenberg und Claire Agnelli aus der Turiner Industriellendynastie des Fiat-Konzerns.

Donauquelle im Schlosspark Donaueschingen

Fugger

Jakob Fugger der Reiche begründete Macht und Vermögen des Hauses.

Das Fürstenhaus Fugger ist stolz auf seinen bürgerlichen Ursprung, der auch die Zeit seines größten wirtschaftlichen Erfolges war. Der glanzvolle Aufstieg der Familie ist nur mit den Medici in Florenz zu vergleichen, mit dem Unterschied, dass die Fugger bis heute existieren.

1367 wanderte der aus dem Dorfe Graben auf dem Lechfeld stammende Weber Hans Fugger in Augsburg ein, wo er 1370 das Bürgerrecht erwarb. Jakob I. (gest. 1469) ist der Stammvater der noch bestehenden Linie »Fugger von der Lilie« und Gründer des Fuggerschen Handelshauses. Seine Sohn Jakob II. der Reiche (1459–1525) schuf die Weltstellung und das Vermögen des Hauses. Er erwarb Silber- und Kupferbergwerke in Tirol, Kärnten, Oberungarn und Spanien und errichtete ein europäisches Kupfermonopol. Bereits 1505 beteiligte er sich unter Umgehung des venezianischen Zwischenhandels am lukrativen Gewürzhandel mit Ostindien. Er machte die Fugger zum größten Bankhaus Europas, war als Bankier der Päpste am Ablasshandel beteiligt, finanzierte die Kriege Kaiser Maximilians I., der ihn 1514 in den Reichsgrafenstand erhob, und betrieb die Wahl von dessen Enkel Karl V. (1519) zum deutschen König. Sein Neffe und Erbe Anton, 1530 ebenfalls in den Reichsgrafenstand erhoben, musste durch die zerrütteten Finanzen der Habsburger schwere Verluste hinnehmen. Während sich das aktive Vermögen verringerte, baute er zielstrebig den Landbesitz der Fugger aus (Erwerb von Babenhausen und Glött 1537, Kirchheim 1551) und zog sich langsam aus dem Finanzierungsgeschäft zurück. Von Anton stammen die drei Linien Kirchberg, Babenhausen und Glött ab.

Die Fugger errichteten bedeutende Bauten und waren Kunstsammler und Mäzene. 1519 entstand in

Augsburg die Fuggerei als Sozialsiedlung für arme Bürger. Die Fugger von Babenhausen wurden 1803 in den Reichsfürstenstand, die Fugger von Glött 1913 in den bayerischen Fürstenstand erhoben. Teile der Fuggerschlösser Babenhausen und Kirchheim können besichtigt werden. In Babenhausen leitet Graf Markus Fugger, jüngerer Bruder des Fürsten Hubertus Fugger von Babenhausen, der in Schloss Wellenburg bei Augsburg wohnt, das Fuggermuseum. Der Zedernsaal in Schloss Kirchheim ist einer der schönsten Renaissanceräume Europas, den Fürstin Angela Fugger von Glött vor kurzem renovieren ließ.

Harrach

Das barocke Palais Harrach an der Wiener Freyung, noch bis vor wenigen Jahren Familienbesitz, erinnert an die Grafen Harrach, die wie die Liechtenstein, Lobkowitz, Dietrichstein, Schwarzenberg, Starhemberg, Auersperg, Kinsky, Esterházy, Pállfy und Batthány zu der Handvoll hochadliger Familien zählen, die Jahrhunderte lang sämtliche wichtigen Ämter im habsburgischen Österreich bekleideten. Heute wird das Palais vom Wiener Kunsthistorischen Museum genutzt.

Das 1195 erstmals erwähnte oberösterreichische, vielleicht aus Bayern eingewanderte Geschlecht, dessen sichere Stammreihe 1320 mit Dietrich von Harrach beginnt, verfügte über Grundbesitz auch in Böhmen und Ungarn. Das Palais beherbergte bis 1970 die schönste der einst zahlreichen privaten Gemäldegalerien des österreichischen Adels. Diese Sammlung ist heute im Harrachschen Schloss Rohrau in Niederösterreich südöstlich von Wien zu bewundern. Ihr Zustandekommen ist eng mit den diplomatischen Posten einzelner Familienmitglieder verbunden. Graf Ferdinand erwarb als Botschafter in Spanien und Frankreich spanische und französische Meister, sein Sohn als Vizekönig von Neapel neapolitanische Meister, auf dessen Sohn wiederum, der in Brüssel tätig war, gehen die flämischen und holländischen Meister sowie kostbare Brüsseler Tapisserien zurück. Der Erhalt der Sammlung ist der 1917 geborenen Gräfin Stephanie Harrach, geborene Gräfin zu Eltz, zu danken.

Außer Schloss Rohrau (Familienbesitz seit 1524) besitzt die Familie Schloss Prugg in Bruck an der Leitha, während das böhmische Schloss Hradek 1945 verstaatlicht wurde. 1712 richtete die Familie in dem Ort Harrachsdorf im Riesengebirge (heute Harrachov) die bedeutendste böhmische Glashütte ein, deren Produkte in ganz Europa geschätzt waren. Sie produziert bis heute exklusive Gläser und Kronleuchter.

Hohenlohe

Etwa 100 Prinzen und Prinzessinnen zu Hohenlohe umfasst der Familienverband, gegliedert in zwei Haupt- und sechs Nebenlinien. Sie leben heute in Deutschland, Österreich, Spanien, England, Italien, Südamerika und den Vereinigten Staaten. Ihre Heimat ist das liebliche Hohenloher Land an Kocher, Jagst und Tauber, von Tourismusbroschüren gern als »die Toskana Deutschlands« gepriesen. Hier haben ihre Vorfahren acht Jahrhunderte lang Geschichte geprägt und kleinräumige Landschafts- und Städtebilder geformt. Die Hohenlohe gehören zu den ältesten deutschen Dynastengeschlechtern. Ständige Erbteilungen haben jedoch den Aufbau eines geschlossenes Territoriums verhindert. 1806 verfügte jede der sechs Linien über mehrere Schlösser und Residenzen, und im Laufe einer Geschichte, die im frühen 12. Jahrhundert begann, sollen 200 Burgen ihr Eigentum gewesen sein. Auch heute gehören noch viele Hohenloheschlösser der Familie, darunter Langenburg, Neuenstein und Schillingsfürst, die zu besichtigen sind, sowie Öhringen, Bartenstein, Waldenburg und das Jagdschloss Friedrichsruhe in Zweiflingen, ein elegantes Schlosshotel, dessen Küche ein Michelin-Stern ziert.

Der Rittersaal in Schloss Neuenstein

Schloss Büdingen wurde als staufische Wasserburg gegründet und in Spätgotik und Renaissance ausgebaut.

Das Ende des alten Reiches 1806 brachte auch das Ende der Souveränität der Hohenlohe. Die meisten der zersplitterten Territorien fielen an Württemberg, einige an Bayern. Doch der Familie gelang es, durch kluges Wirtschaften ihre Stellung zu behaupten. Einige Familienmitglieder erreichten hohe Ämter. Der liberale Fürst Chlodwig zu Hohenlohe-Schillingsfürst (1819–1901) wurde 1866 auf Empfehlung Richard Wagners von Ludwig II. zum bayerischen Ministerpräsidenten berufen, nach der Reichseinigung 1871 wurde er deutscher Botschafter in Paris, danach Statthalter von Elsass-Lothringen und schließlich von 1894 bis 1901 Reichskanzler. Sein Bruder, Kurienkardinal Gustav Prinz zu Hohenlohe-Schillingsfürst, sprach sich 1870 beim Ersten Vatikanischen Konzil gegen das päpstliche Unfehlbarkeitsdogma aus. Prinzessin Marie zu Hohenlohe-Waldenburg, die im Schloss Duino an der Adria aufwuchs, förderte Hugo von Hofmannsthal, Oskar Kokoschka, Eleonore Duse und Rainer Maria Rilke, der ihr seine »Duineser Elegien« widmete.

Industriell besonders erfolgreich war die Linie Hohenlohe-Oehringen, die in Schlesien Kohlegruben und Eisenwerke besaß und zum größten Zinkproduzenten der Welt mit über 10.000 Arbeitern und Angestellten aufstieg.. Die Kunstschätze des Gesamthauses sind im Hohenlohe-Museum Schloss Neuenstein zu besichtigen. Der 2004 verstorbene Fürst Kraft zu Hohenlohe-Langenburg hat in Langenburg ein Oldtimer-Museum eingerichtet.

Isenburg (Ysenburg)

Die Familie von Wolfgang Ernst Fürst zu Ysenburg und Büdingen wohnt seit über 700 Jahren in der staufischen Wasserburg Büdingen nordöstlich von Frankfurt am Main. Dies sind bis heute 21 Generationen, eine selbst im deutschen Hochadel seltene Kontinuität. Ein Teil des Schlosses, auch privat genutzte Räume, kann besichtigt werden, die Wildkammer bietet Direktverkauf von Wildspezialitäten aus den Fürstlichen Waldungen. Mit den Gewinnen aus der Fürstlichen Schlossbrauerei Wächtersbach und der 1832 gegründeten Steingutfabrik Wächtersbach muss auch die Ronneburg, ein Bau der Spätgotik und Renaissance, unterhalten werden.

Wenige Kilometer nordöstlich residiert in Birstein die Linie Isenburg-Birstein, deren Chef Fürst Franz Alexander ist. Gemeinsam mit seiner Frau Christine, einer geborenen Gräfin von Saurma, haben sie Schloss Birstein behutsam für das Publikum geöffnet, was noch unter der vorherigen Generation undenkbar war: In den von polnischen Restauratoren mustergültig renovierten Sälen finden Konzerte statt, und vorangemeldete Gruppen werden von der Fürstin persönlich durch die Privaträume des Schlosses geführt. Umfangreicher Waldbesitz bildet die Grundlage für die Erhaltung des Schlosses.

Leiningen

Den Fürsten von Leiningen gehört die 734 gegründete Benediktinerabtei Amorbach im Odenwald. Heute leben zahlreiche deutsche Hochadelsfamilien in Schlössern, die einst geistlicher Besitz waren: Die Württemberger in der Deutschordenskommende Altshausen, das Haus Baden im Zisterzienserkloster Salem, die Fürsten von Thurn und Taxis im Benediktinerkloster St. Emmeram in Regensburg, die Grafen zu Ortenburg im Schloss Tambach, der Sommerresidenz der Äbte von Langheim. Fast immer fielen diese Güter um 1803 im Zuge der Säkularisation, das heißt der Aufhebung der Klöster, in die Hände des Adels. Oft genug hatten diese aber auch kurz zuvor ihre

Orgel in der Abteikirche in Amorbach

Besitztümer verloren. So gehörten die Leiningen zu denjenigen Familien, deren Herrschaftsgebiet links des Rheins an Frankreich abgetreten worden war und denen als Entschädigung rechtsrheinische geistliche Herrschaften zugewiesen wurden. Weite Landstriche der Rheinpfalz mit der Hauptstadt Dürkheim bildeten das ursprüngliche Herrschaftsgebiet. 1779 waren die Grafen in den Reichsfürstenstand erhoben worden, 1793 wurde die Herrschaft Frankreich einverleibt. In Amorbach fallen Porträts des englischen Königshauses auf: Eine Prinzessin des Hauses war die Halbschwester der englischen Queen Victoria.

Lobkowicz

Das böhmische Adelsgeschlecht gehörte zu den führenden Familien der Donaumonarchie, seine Geschichte liest sich wie eine Kulturgeschichte des alten Österreichs. Die musikliebenden Fürsten prägten die Identität Wiens als Kapitale klassischer Musik. Von 1624 bis 1918 schrieb sich die Familie eingedeutscht »Lobkowitz«, Anfang 1919 nahm sie die alte tschechische Schreibweise an, auch aus Loyalität gegenüber der tschechoslowakischen Republik.

Prinz Max Lobkowicz war Botschafter in London, musste aber 1948 vor den Kommunisten fliehen und ging in die USA. Von dort kam sein Enkel William, 1961 in Boston geboren und Harvard-Absolvent, nach dem Ende des Kommunismus zurück. Die Familie hatte neun Schlösser zurückerhalten, von denen sie sechs wegen ihres desolaten Zustandes verkaufte. Der Kunstbesitz der Lobkowicz, die bedeutendste Privatsammlung Tschechiens, ist im Schloss Nelahozeves nördlich von Prag zu sehen. Der in Zürich geborene Prinz Georg aus der Melniker Linie erhielt das Schloss Melnik am Zusammenfluss von Elbe und Moldau rückerstattet, machte es zum Zentrum des böhmischen Weinbaus und engagiert sich als tschechischer Politiker.
In Deutschland bekannt ist sein Onkel Nikolaus, ehemaliger Präsident der Universitäten München und Eichstätt.

Im Wiener Palais Lobkowitz, heute Theatermuseum, wurde 1804 Beethovens 3. Symphonie »Eroica« uraufgeführt. Beethoven widmete sie seinem Mäzen Franz Joseph Fürst von Lobkowitz, nachdem er von Napoleon, dem er sie ursprünglich zugedacht hatte, enttäuscht worden war. Das Prager Palais Lobkowitz ist die deutsche Botschaft, die im Herbst 1989 durch die Flucht Tausender von DDR-Bürgern bekannt wurde.

Im Palais Lobkowicz in Wien wurde 1804 die Dritte Symphonie von Ludwig van Beethoven uraufgeführt.

Metternich

Die rheinische Adelsfamilie nannte sich seit dem Ende des 13. Jahrhunderts nach dem Dorf Metternich bei Euskirchen. 1803 wurde die reichsgräfliche Familie gefürstet und für ihre an Frankreich gefallenen linksrheinischen Gebiete mit der schwäbischen Abtei Ochsenhausen entschädigt.

Zu dieser Zeit nahm Klemens Wenzel Fürst von Metternich (1773–1859), die überragende Figur der Familie, seinen Aufstieg als Zentralgestirn der österreichischen Außenpolitik und glänzendste Gestalt auf dem diplomatischen Parkett Europas. Nach Posten in Dresden und Berlin wurde er 1806 Botschafter in Paris, 1809 Außenminister, was er 30 Jahre bleiben sollte. Er arrangierte die Hochzeit Napoleons mit einer

Klemens Wenzel Fürst von Metternich (rechts vorn) sicherte auf dem Wiener Kongress die Vormachtstellung Österreichs.

österreichischen Kaisertochter, um seinem Land eine Atempause zu verschaffen, und organisierte nach dem gescheiterten Russlandfeldzug des Korsen die Allianz, die zum Sturz des Franzosenkaisers führte. Auf dem Wiener Kongress 1814–1815, bei dem die Neuordnung Europas festgelegt wurde, sicherte er die Vormachtstellung Österreichs. Seit 1821 auch Staatskanzler, suchte er innenpolitisch durch Pressezensur und polizeistaatliche Methoden die demokratische Bewegung zu unterdrücken. Als Symbol der Reaktion wurde er in der Revolution von 1848 gestürzt und musste nach London fliehen. 1851 kehrte er nach Wien zurück, ohne seine Stellung wiedererlangen zu können.

Das ehemalige Metternich-Palais in Wien ist seit 1908 italienische Botschaft. In diesem Jahr wurde die Kunstsammlung der Metternichs in das Schloss Königswart in Böhmen verlegt, wo sie heute noch zu sehen ist. Das Schloss ist seit 1945 staatlich. Noch in Familienbesitz ist Schloss Johannisberg am Rhein, bekannt für seinen Weinbau und die Sektproduktion. »Schloss Johannisberger« gehört zu den Spitzenlagen des Rheingaus.

Oettingen

Im Nördlinger Ries, dem vor 15 Millionen Jahren entstandenen riesigen Meteoritenkrater, sind, nachweisbar seit 1040, die Grafen und Fürsten zu Oettingen beheimatet. Der natürliche Mittelpunkt ihres Territoriums, die freie Reichsstadt Nördlingen, wiedersetzte sich erfolgreich dem Zugriff der Grafen: Die heute noch vollständig erhaltene Stadtmauer war vor allem gegen sie gerichtet. Im heutigen Bayrisch-Schwaben war die Grafschaft nach den Besitzungen der Wittelsbacher und der Habsburger das größte weltliche Territorium.

Die Fürsten zu Oettingen-Wallerstein besitzen zahlreiche Schlösser, darunter Baldern, Wallerstein und die Harburg, eine der größten Burgen Deutschlands. In der Hofreitschule in Wallerstein locken alljährlich Dressurvorführungen nach dem Vorbild der Wiener Spanischen Reitschule Pferdefreunde von nah und fern.

Die Harburg, eine der größten Burgen Deutschlands

Der Waldbesitz der Fürsten zu Oettingen-Wallerstein umschließt das Becken des Rieses. Seine Längsausdehnung beträgt ca. 65 km. Zwei Drittel des 11.500 ha großen Besitzes liegen in Bayern, ein Drittel in Baden-Württemberg. Die Krönung fürstlicher Braukunst des seit 1598 bestehenden Brauhauses ist das »Wallersteiner Classic« mit Bügelverschluss, das in der Holzkiste zu 12 Flaschen geliefert wird. Auch Fürstliche Marmelade vermarktet sich gut. Die Hofschreinerei ist ein moderner, leistungsfähiger Handwerksbetrieb mit 35 Beschäftigten, spezialisiert auf Stilmöbel und die Restaurierung antiker Möbel.

1980 verkaufte der Fürst zu Oettingen-Wallerstein seine Hofbibliothek an den Freistaat Bayern. Von diesem Erfolg beflügelt, wanderten bis zur Jahrhundertwende die wertvollsten Kunstschätze des Hauses auf den Kunstmarkt. Selbst die Harburg schien zum Verkauf bestimmt. Hartnäckig, doch zum Wohle des Fremdenverkehrs hält sich das Gerücht, Michael Jackson habe die märchenhafte Ritterburg kaufen wollen. Er sei sogar schon im Hubschrauber über der Burg kreisend gesichtet worden.

Pappenheim

»Daran erkenne ich meine Pappenheimer«, sagt Wallenstein bei Schiller. Das ursprünglich reichsritterschaftliche Geschlecht aus dem oberen Altmühltal hat-

Die alte Burganlage von Pappenheim.

te vom Kaiser 1193 die in der Familie erbliche Würde des Reichsmarschalls erhalten. Dieses Amt umfasste die Sorge um das Wohl des Königs, um Unterkunft und Verpflegung, aber auch die Seuchenpolizei an den Orten, an denen die Hof- und Reichstage stattfanden. In Nürnberg nannte man die Kanalräumer »Pappenheimer«, weil der Reichserbmarschall dieses Geschäft von seinen Knechten ausführen ließ. Das Reichserbmarschallamt erlosch mit dem Ende des alten Reiches 1806, danach reihten sich die Pappenheimer in die Riege der bayerischen Standesherren ein. Das vom Münchner Baumeister Leo von Klenze errichtete Schloss wird bis heute von den Nachfahren bewohnt, die alte Burg ist zur Besichtigung freigegeben. Täglich finden Flugvorführungen der Gräflichen Falknerei statt. Um Pappenheim haben sich einige der ältesten jüdischen Friedhöfe Deutschlands erhalten, da die Herren von Pappenheim schon seit dem 12. Jh. die Ansiedlung von Juden förderten.

Salm

Die wahrhaft fürstliche Visitenkarte von Carl Philipp Fürst zu Salm-Salm (Anrede: Durchlaucht) ist Schloss Anholt am Niederrhein, eine Wasserburg aus rotem Backstein, die an Bauten in den benachbarten Niederlanden erinnert. Anholt ist eines der am besten in Stand gehaltenen deutschen Schlösser in Privatbesitz. Es beeindruckt um so mehr, wenn man weiß, dass es während der letzten Tage des Zweiten Weltkrieges fast komplett zerstört wurde. Der Bruder des Fürsten, der damals 14jährige Erbprinz Alfred, kam dabei ums Leben. Fürst Nikolaus Leopold, der Vater des jetzigen 14. Fürsten, ließ Anholt mühevoll wiederaufbauen. Es enthält ein nobles Schlosshotel mit ausgezeichnetem Restaurant und ein Museum mit wertvollem Mobiliar, Porzellan, einer Bibliothek und einer bedeutenden Gemäldegalerie – Hauptwerk ist der einzige Rembrandt in deutschem Privatbesitz. Auch der gepflegte Schlosspark und ein angrenzender Golfplatz sind öffentlich zugänglich.

Die Familie ist in zwei entfernt verwandte Häuser geteilt, die sich aus dem Besitz der Grafschaft Ober-Salm in den Vogesen (Lothringen) und der Grafschaft Nieder-Salm in den Ardennen herleiten. Die Chefs des Hauses Ober-Salm sind Carl Philipp Fürst zu Salm-Salm und Philipp Otto Fürst zu Salm-Horstmar (Schloss Varlar in Westfalen), dessen Großvater Otto als Präsident des Deutschen Flottenvereins eine kontroverse Rolle in der wilhelminischen Außenpolitik spielte. Chef des Hauses Nieder-Salm ist Hugo Fürst zu Salm-Reifferscheidt-Raitz, der in Wien lebt. Die Angehörigen des Hauses Ober-Salm tragen den schönen und seltenen Titel Wild- und Rheingraf, die des Hauses Nieder-Salm den Titel Altgraf. Beide Titel kommen nur in diesen Familien vor. Die Wild- und Rheingraf-

Bibliothek, Gemäldegalerie, wertvolles Mobiliar und Porzellan – das Museum Schloss Anholt bewahrt die Schätze der Familie Salm-Salm.

schaft umfasste Landstriche im Hunsrück, die wie auch die lothringischen Territorien im Zuge der französischen Revolution und der Ausdehnung Frankreichs bis an das linke Rheinufer bis 1801 verloren gingen. Das Haus Salm-Salm wurde mit rechtsrheinischen Gebieten entschädigt, verlor aber 1811 die Souveränität und kam 1815 an Preußen. Bis heute führen die Fürsten Salm-Salm zwei Fische (Salme) im Wappen. Die Linie Salm-Reifferscheidt-Raitz besaß 1763 bis 1948 die Herrschaft Raitz in Mähren. Nach dem Ende des Kommunismus erhielt sie einen Teil ihrer tschechischen Ländereien zurück.

Sayn-Wittgenstein

Alexander Fürst zu Sayn-Wittgenstein-Sayn (Anrede: Durchlaucht) ist Präsident der Deutschen Burgenvereinigung. 1899 gegründet, ist sie die älteste Privatinitiative für den Denkmalschutz in Deutschland. Fürst Sayn-Wittgenstein setzt sich mit unermüdlichem Engagement für den Erhalt von Burgen und Schlössern in Privatbesitz ein. Auch persönlich setzt er Zeichen: Schloss Sayn, Ende des Zweiten Weltkrieges von deutschen Truppen durch eine benachbarte Brückensprengung schwer beschädigt und von den Behörden bereits zum Abbruch freigegeben, ist von ihm mit Unterstützung des Landes Rheinland-Pfalz vorbildlich wiederaufgebaut und innen bewusst modern gestaltet worden. Es enthält Museen, ein Restaurant und Privaträume des Fürsten. Zusammen mit der Burgruine Sayn, dem Schlosspark und dem romanischen Kloster bildet es ein historisches Ensemble, zu dem sich mit der Sayner Eisenhütte noch einer der ältesten Zeugen der Industriekultur im Rheinland gesellt. Der Fürst will das heruntergekommene Fabrikgelände in ein Kulturzentrum verwandeln. Unterstützt wird er von seiner Frau, einer Gräfin Schönborn, die wie er ironisch sagt, den »Bauwurm« in den Genen hat.

Ein anderer Zweig der Familie mit dem wohlklingenden Doppelnamen residiert in Berleburg, einem idealtypischen Residenzstädtchen im südlichsten Zip-

Alexander Fürst zu Sayn-Wittgenstein-Sayn und seine Frau Alexandra, eine geborene Gräfin Schönborn, haben Schloss Sayn vor einigen Jahren umfassend renoviert.

fel von Nordrhein-Westfalen. Die großzügige Dreiflügelanlage des Schlosses und die schönen Parkanlagen können besichtigt werden. Prinz Richard zu Sayn-Wittgenstein-Berleburg ist Forstassessor und begeisterter Naturschützer. In seinen renaturierten Wäldern ist es gelungen, den beinahe ausgestorbenen Schwarzstorch wiederanzusiedeln. Seine Frau Benedikte, die Schwester der Königin von Dänemark, und die drei Kinder sind dem Reitsport ergeben, die jüngste Tochter Nathalie als professionelle Dressurreiterin.

Schönborn

Die Bedeutung der Familie Schönborn für die deutsche Kunstgeschichte kann kaum überschätzt werden: Als Bauherren, Sammler und Mäzene stehen sie auf Augenhöhe mit den Habsburgern, Hohenzollern, Wittelsbachern und Wettinern. Die Familie entstammt dem rheinischen Uradel, wird 1284 erwähnt und nahm ihren zunächst bescheidenen Aufstieg im Dienst der rheinischen Erzbischöfe und der Grafen von Nassau und Wied. Der eigentliche Beginn der »Schönbornära« ist 1642, als Johann Philipp zum Fürstbischof von Würzburg gewählt wird. Sie endet 1756 mit dem Tod des Trierer Erzbischofs Franz Georg.

Während dieser hundert Jahre gelingt es den Schönborn, Familienmitgliedern auf zahlreiche deutsche Bischofs- und Erzbischofsthrone zu bringen. In diesen Fürstbistümern sind die Kirchenfürsten zugleich welt-

Das Treppenhaus der Würzburger Residenz mit dem Deckenfresko von Tiepolo, 1753

liche Landesherren. Auch viele andere katholische Adelshäuser haben von dem europaweit einzigartigen System der deutschen Fürstbistümer profitiert. Keines war so erfolgreich wie die Schönborn. Wie ein Familienmitglied ironisch vermerkte, waren die Schönborn vom »Bauwurm« besessen: Allein 16 große Schlossanlagen, dazu eine große Zahl von Kirchen, Festungen und Lustgärten gehen auf die Schönborn als Auftraggeber zurück, darunter die Residenzen in Bamberg, Würzburg, Bruchsal und Meersburg. Noch heute im Familienbesitz der Linie Schönborn-Wiesentheid sind die Schlösser Wiesentheid und Pommersfelden, das bedeutendste deutsche Schloss, das sich in Privatbesitz befindet, mit der schönsten privaten deutschen Bildergalerie. Ihr Besitzer, Paul Graf Schönborn (Anrede: Erlaucht) hat eine römische Principessa zur Großmutter, eine portugiesische Adlige zur Mutter, ist selbst 1962 in Lissabon geboren und hat eine venezianische Contessa geheiratet, die wiederum in Lima in Peru geboren ist. Ihre sechs kleinen Kinder bevölkern im Winter das Schloss Wiesentheid, im Sommer zieht die ganze Familie nach Pommersfelden um. Im Pommersfeldener Musiksommer, an dem die Familie aktiv teilnimmt, fördert das Haus junge Musiker aus der ganzen Welt. In Österreich und München leben die Mitglieder der Linien Schönborn und Schönborn-Buchheim. Graf Christoph (geb. 1945) ist Erzbischof von Wien und führt so die Tradition der Kirchenfürsten aus dem Hause Schönborn fort.

Schwarzenberg

Der Jurist Karl VII. Fürst zu Schwarzenberg (geb. 1937) bezeichnet sich gern selbstironisch als »Gast- und Forstwirt.« Er betreibt in Wien das Luxushotel im barocken Schwarzenbergpalais. Zu seiner Unternehmensgruppe gehören auch riesige Waldgebiete in vielen Teilen Österreichs, in Franken und seit 1992 wieder in Tschechien. In der Liste der 100 reichsten Österreicher nimmt er alljährlich einen Platz im vorderen Mittelfeld ein. Vor allem ist Fürst Schwarzenberg aber ein leidenschaftlicher »homo politicus«. Vor 30 Jahren wurde er auf Vorschlag des damaligen Bundeskanzlers Kreisky zum Vorsitzenden des Helsinki-Ausschusses für Menschenrechtsfragen gewählt. In dieser Eigenschaft unterstützte er den tschechischen Dissidenten Václav Havel. Nachdem Havel in der Samtenen Revolution 1989 als tschechischer Staatspräsident auf die Prager Burg gezogen war, übernahm der Fürst das Amt des Kanzlers der Präsidialkanzlei. Hartnäckig hält sich das Gerücht, er sei es gewesen, der die Frage der Rückgabe von Schlössern und Landbesitz an den alten tschechischen Adel angestoßen habe. Er selbst bestreitet das entschieden: »Ich war selbst sehr überrascht, als ich das väterliche Erbe erhielt.« – Das väterliche Erbe, das sind Schloss Orlík an der Moldau, mehrere kleinere Schlösser und Herrenhäuser, die 1992 in miserablen Zustand waren und inzwischen kleine Schmückstücke sind, dazu als Einkommensquelle 10.000 Hektar Wald. Die Schwarzenberger entstammen dem fränkischen Uradel der Herren von Seinsheim und (1172 urkundlich erwähnt) erwarben 1405 die Herrschaft Schwarzenberg in Mittelfranken. Das dortige Schloss Schwarzenberg gehört bis heute zu ihrem Besitz. Der kaiserliche Feldherr Adolf zu Schwarzenberg, der sich als Türkensieger im ungarischen Raab auszeichnete, erhielt 1599 eine sprechende »Wappenbesserung«: Ein abgeschlagener Tür-

Der Rubenssaal im Palais Schwarzenberg in Wien

kenkopf, dem ein Rabe ein Auge aushackt. Auch im 30jährigen Krieg zeigten sich die Schwarzenberger nicht zimperlich. Als treue Parteigänger der Habsburger und durch geschickte Heiratspolitik stiegen die Schwarzenberger zu den neben den Liechtensteinern größten Großgrundbesitzern der Donaumonarchie auf.

Solms

Der FDP-Politiker Hermann Otto Solms, eigentlich Prinz zu Solms-Hohensolms-Lich, ist derzeit das bekannteste Mitglied dieser in mehrere fürstliche und gräfliche Linien verzweigten, mitgliederstarken hessischen Familie.

Das seit 1129 bezeugte Geschlecht der Solms musste sein zersplittertes Territorium gegen die Landgrafen von Hessen und Grafen von Nassau verteidigen. Aufgrund ständiger Erbteilungen ist es ihm nie gelungen, ein zusammenhängendes Territorium aufzubauen. Die »Solmser Straße« erschließt den Touristen die kleinen Residenzstädte der Familie, deren Schlösser bis heute im Familienbesitz sind. Oberhalb des Fachwerkstädtchens Braunfels bei Wetzlar thront das märchenhafte Schloss gleichen Namens, jetzt im Besitz des Grafen Oppersdorff Solms-Braunfels. In Schloss Laubach, das

Schloss Lich, 1764–1768

Karl Graf zu Solms-Laubach gehört, kann eine Privatbibliothek mit über 50.000 Bänden besichtigt werden. Das bedeutendste Familienmitglied ist die ehrgeizige Amalie von Solms-Braunfels (1602–1675), die den holländischen Statthalter Prinz Friedrich Heinrich von Oranien heiratete und das Huis ten Bosch in Den Haag vollendete, den heutigen Wohnsitz von Königin Beatrix. Ihre Sammlung holländischer Malerei gelangte über ihre Tochter Louise Henriette, die den Kurfürsten von Brandenburg heiratete, nach Berlin und bildet den Grundstock der Berliner Gemäldegalerie. Ihr Enkel Friedrich I. wurde 1701 preußischer, ihr Enkel Wilhelm III. 1688 englischer König.

Thurn und Taxis

Das Haus Thurn und Taxis kann mit einigen Superlativen auftrumpfen: Fürstin Gloria gilt als bekannteste deutsche Adlige. Ihr Schloss St. Emmeram in Regensburg ist das einzige in Privatbesitz, dass inmitten einer deutschen Großstadt liegt. Das Fürstenhaus steht im Ruf, das reichste in Deutschland sein. Es führt täglich eine Armenspeisung für bis zu 250 notleidende Menschen durch. Bei Familienfeiern tragen Diener und Lakaien noch Galauniform, bei besonders festlichen Anlässen sogar Perücke. Diese Prachtentfaltung hat im Hause Tradition.

Franz von Taxis (1459–1517), der seit 1490 für Kaiser Maximilian mit großem Erfolg das Postwesen organisierte, aus der sich die Post in Westeuropa entwickelte, galt in den Augen der altfürstlichen Häuser ähnlich wie Jacob Fugger als Aufsteiger. Die Taxis versuchten diesen Makel mit einem erhöhten Aufwand an Repräsentation wettzumachen. Zudem vergaben sie an Genealogen den Auftrag, ihre vornehme Herkunft nachzuweisen. Diese fanden heraus, dass die Taxis von den Torriani abstammten, die im frühen 12. Jahrhundert nach verlorenem Kampf gegen die Visconti um die Mailänder Stadtherrschaft nach Bergamo geflüchtet seien. Der König von Spanien und der deutsche Kaiser erkannten die Taxis als Nachkommen der Torriani an

Fürstin Gloria von Thurn und Taxis, ihre Tochter Elisabeth und ihre Mutter, Gräfin Beatrix von Schönburg-Glauchau, Sohn Albert sowie Tochter Maria Theresia in historischen Kostümen bei den Thurn-und-Taxis-Schlossfestspielen.

und genehmigten ihnen, deren Namen und Wappen zusätzlich zu führen. Der Turm (Torre) wurde zu Thurn, der Dachs (Tasso) zum Namen Taxis.

Der Aufstieg des Hauses war unaufhaltsam. Franz von Taxis legte die erste ununterbrochene Postlinie zwischen dem Hof des Kaisers in Wien oder Innsbruck und der Residenz seines Sohnes Philipp in Brüssel an, der ihn im Jahre 1500 zum Hauptpostmeister in den Spanischen Niederlanden ernannte. Ihm gelang es, Briefe in fünfeinhalb Tagen von Innsbruck nach Brüssel zu befördern. Als Philipp 1504 die spanische Königskrone erhielt, wurden die Postverbindungen zum spanischen Hof verlängert. Im Reiche Karls V. entwickelte sich die Post zu einer länderumfassenden Verkehrseinrichtung. 1608 erhielten die Taxis die Freiherren-, 1624 die Grafenwürde und 1695 die Fürstenwürde. Hauptsitz der Familie war Brüssel, seit 1723 Frankfurt am Main. 1743 ernannte Kaiser Karl VII. den Fürsten Thurn und Taxis zum Prinzipalkommisar, das heißt zu seinem Stellvertreter beim Reichstag in Regensburg. 1748 verlegten die Fürsten ihre Residenz dorthin. 1806 verloren sie die Souveränität. Das Postwesen blieb bis zum Jahr 1867 in Händen des Hauses, obgleich viele deutsche Staaten schon früher ihre eigene Post organisiert hatten. Seit 1812 ist der Wohnsitz der Familie die altehrwürdige Benediktinerreichsabtei St. Emmeram. Das Kloster war über 1000 Jahre lang eine der wichtigsten Wirkungsstätten des abendländischen Mönchtums. Das Kloster ließen die Fürsten im 19. Jahrhundert prachtvoll um- und ausbauen.

Fürstin Gloria hat das Image des Fürstenhauses nach dem Tode des Fürsten Johannes 1990 gründlich aufpoliert und sich von alten Zöpfen verabschiedet, zum Beispiel das Hofmarschallamt abgeschafft. Sie sammelt zeitgenössische Kunst, die sie eigenwillig mit Möbeln und Kunstwerken vergangener Jahrhunderte kombiniert. Noch immer liebt sie gelegentliche Spektakel, lässt aber auch gern die Öffentlichkeit daran teilhaben. Die seit 2003 im Schlosshof veranstalteten Festspiele sind auch deswegen ein so großer Publikumsmagnet, weil die Fürstin und ihre Kinder selbst auftreten. Ihr bleibender Verdienst ist es, den Familienkonzern saniert zu haben. Sie strukturierte die Unternehmensgruppe um, die dadurch profitabler wurde. Zunächst galt es, hohe Erbschaftssteuern zu zahlen. Um die Steuerschuld zu begleichen, musste sich das Haus von wertvollem Kunstbesitz trennen. Einen Teil davon erwarb der Freistaat Bayern als Ersatz für die Steuern, ein anderer Teil wurde auf einer spektakulären Auktion 1993 versteigert. Glücklicherweise blieben die vom Staat erworbenen Stücke vor Ort. 1998 eröffnete eine Zweigstelle des Bayerischen Nationalmuseums ihre Pforten im Komplex des fürstlichen Marstalls, in dem prachtvolle Exponate, darunter die spektakuläre Brillantengarnitur des Fürsten Carl Anselm zu sehen sind.

Thronsessel mit Baldachin in Schloss Emmeram

Waldburg

Johannes Fürst zu Waldburg-Wolfegg und Waldsee besitzt einen Namen, der den meisten Menschen erst einmal Schwierigkeiten bei der Anrede bereitet. In den Dörfern um Wolfegg hat sich schlicht die Anrede »der Fürscht« durchgesetzt. Als Kreisratsabgeordneter der CDU, Präsident des Golfclubs Waldsee, Schirmherr der Schützentage oder in einem seiner anderen Ämter ist er den meisten schon mal über den Weg gelaufen. Er besuchte die Wirtschaftsschule St. Gallen, die auf der anderen Seite des Bodensees nahe seiner Allgäuer Heimat liegt. Mit seiner florentinischen Frau Viviana und drei Kindern bewohnt er Schloss Wolfegg mit seinem 724 Quadratmeter großen Rittersaal. Der vierflügelige Bau ist das Renaissanceideal einer Schlossanlage. Umgeben ist es von einem Dorf und den Wäldern, die seit Jahrhunderten die wirtschaftliche Grundlage der Schlossherrn sind.

Im Heiligen Römischen Reich Deutscher Nation führten die Waldburger den Titel der »Reichserbtruchsesse«, was ihnen die Oberaufsicht über die Tafel des Kaisers gab. Auch die Kaiserkrönungen hatten sie zu organisieren. Der Truchsess Max Willibald von Waldburg legte um 1640 eine der größten Graphiksammlungen seiner Zeit an. Sie gilt heute als wichtigstes privates Kupferstichkabinett auf dem Kontinent. Bis vor kurzem befand sich auch die berühmte »Waldseemüller-Karte« in der Sammlung. Das Besondere an ihr ist, dass das erstemal zwischen Pazifik und Atlantik ein eigener Kontinent namens Amerika eingezeichnet ist. Dieser »Taufschein Amerikas« liegt jetzt in der Library of Congress in Washington. Da die Karte auf der Liste der nationalen Kulturgüter Deutschlands stand, gingen dem Verkauf der Karte neun Jahre Verhandlungen voraus. Schließlich gab die Regierung Schröder grünes Licht für den Export in die USA.

Wied

Carl zu Wied (geb. 1961, Anrede: Durchlaucht) ist als achter Fürst seit 2001 Chef des Hauses Wied. Fürstin

Isabelle stammt aus dem Hause Isenburg-Birstein. Die fürstliche Familie lebt mit drei kleinen Kindern in Schloss Neuwied am Rhein. Die Stadt wurde 1653 von dem frommen Grafen Friedrich III. als einer der tolerantesten und freiheitlichsten Orte der damaligen Zeit gegründet. Gläubige aller Bekenntnisse lebten hier gemeinsam.

Die Kunsttischler Abraham und David Roentgen, Mitglieder der Herrnhuter Brüdergemeinde, belieferten von Neuwied aus die Höfe Europas von Paris bis St. Petersburg. Graf Friedrich Alexander (1737–1791) gestaltete Stadt und Grafschaft zu einem Musterland aus. 1784 erhob ihn Kaiser Joseph II. in den Fürstenstand. Doch schon 1806 verlor das Fürstentum seine Souveränität und fiel an Nassau, 1815 an Preußen. Allerdings behielt die Familie ihr Privatvermögen. Neben Industriebeteiligungen und Forsten in Deutschland betreibt das Haus Wied heute auch Forst- und Teichwirtschaft in Kanada.

Wiederholt gelangten Mitglieder des Hauses als Kurfürsten und Erzbischöfe zu großer Machtfülle und betätigten sich als Königsmacher. Arnold von Wied betrieb die Wahl Friedrich Barbarossas, Hermann von Wied die Wahl Kaiser Karls V. In neuerer Zeit hat das Haus Wied drei interessante Persönlichkeiten hervorgebracht. Der Ethnologe und Forschungsreisende Prinz Maximilian zu Wied (1782–1867) bereiste Brasilien und Nordamerika. Seine zweibändige »Reise in das innere Nord-America« beschreibt Kultur, Sprache, Sitten und Gebräuche der Prärieindianer, die wenig später von weißen Siedlern ausgerottet wurden.

Die Königin Elisabeth von Rumänien (1843–1916), geborene Prinzessin zu Wied, war eine zu ihrer Zeit gefeierte Schriftstellerin, die unter dem Pseudonym »Carmen Sylva« Romane, Märchen und Gedichtbände veröffentlichte.

Episode blieb die Wahl des Prinzen Wilhelm I. 1914 zum Fürsten von Albanien. Schon nach einem halben Jahr musste der Prinz wegen innerer Unruhen das Land verlassen.

Für ganz Europa gültige Kriterien, wer zum hohen und wer zum niederen Adel gehört, gibt es nicht. In Deutschland zählen die ehemals regierenden Häuser und die mediatisierten Standesherren zum Hochadel, doch nicht die Grafen (insofern sie keine »Erlauchten Grafen«, also bis 1806 souveräne Reichsgrafen waren). In England hingegen zählen nicht nur die Grafen (Earls), sondern auch die im Rang unter ihnen stehenden »Vize-Grafen« (Vicounts) und Barone zum Hochadel, den Peers. Die zahlreichen, niemals souveränen Herzöge, Fürsten und Prinzen Italiens, besonders inflationär im ehemaligen Königreich beider Sizilien, wären vom standesstolzen deutschen Hochadel niemals als ebenbürtig anerkannt worden. Auch diejenigen deutschen Familien, die im »Genealogischen Handbuch des Adels«, Fürstliche Häuser, in der III. Abteilung aufgenommen werden, gehören streng genommen nicht zum Hochadel, da sie nicht souverän waren: Die Fürsten Bismarck, Blücher oder Henckel-Donnersmarck zählen somit nicht zum Hohen Adel, die ehemals souveränen Grafen Schönburg, Schönborn oder Erbach hingegen schon. Die Fürsten der III. Abteilung besaßen keine Reichsstandschaft, das heißt weder Sitz noch Stimme im Reichstag des Heiligen Römischen Reiches Deutscher Nation. Die Reichsstandschaft, das Merkmal des deutschen Hochadels, darf nicht mit der Reichsunmittelbarkeit verwechselt werden: es gab reichsunmittelbaren, aber gleichwohl niederen Adel, wie zum Beispiel die freie Reichsritterschaft.

Die deutschsprachigen Fürstenhäuser der III. Abteilung wurden von deutschen Souveränen, also etwa vom König von Preußen oder Bayern oder vom österreichischen Kaiser nach 1815 in den Fürstenrang erhoben. Es waren reine Titularfürsten, der Rang war mit keinem Fürstentum verbunden. Das bekannteste Beispiel ist die Familie von Bismarck. Der preußische Junker und Reichsgründer Otto von Bismarck (der zudem noch eine bürgerliche Mutter hatte), wurde vom preußischen König Wilhelm I. (seit 1871 deutscher

Kaiser) wegen seiner Verdienste nacheinander zum Grafen und zum Fürsten erhoben.

Otto von Bismarck auf seinem Waldgut Friedrichsruh, unweit von Hamburg. Der letzte deutsche Kaiser Wilhelm II. beförderte Bismarck, den er kurz zuvor als Reichskanzler entlassen hatte, als Zeichen der »Dankbarkeit« zum Herzog von Lauenburg. Bismarck, der dem Kaiser den Rauswurf nicht verziehen hatte, machte ihm in einem höflichen, aber doch unmissverständlich gehaltenen Brief klar, dass er diesen höheren Titel nicht zu führen gedachte.
So ist Bismarck im kollektiven Gedächtnis der Deutschen nicht als »Herzog Bismarck«, sondern als Fürst Bismarck präsent – nicht zuletzt wegen eines hochprozentigen Klaren, den seine Nachfahren im Sachsenwald bis heute brennen.

Der niedere Adel in Deutschland

Der niedere Adel in Deutschland ist als Gesamtheit, da er viel größer und vor allem heterogener ist als der hohe Adel, nicht zu erfassen. Es gibt uradelige Familien, die so alt sind wie die altfürstlichen Häuser und solche, die erst ein oder zwei Jahre vor Ende der Monarchie 1918 geadelt wurden. Zu letzteren zählt die Familie des früheren Bundespräsidenten Richard von Weizsäcker. Die über 100 Bände des »Genealogischen Handbuchs des Adels«, die seit 1951 zum niederen Adel erschienen sind, geordnet nach Gräflichen, Freiherrlichen und adeligen Häusern, nehmen viele Meter Regal ein, haben aber längst nicht alle deutschen Adelsfamilien erfasst.

Von den adligen Namensträgern des niederen Adels pflegen heute nur wenige das, was man einen klassischen adligen Lebensstil nennt: Sie leben auf dem Land, bewohnen ein Schloss oder ein Herrenhaus, besitzen Grund und Boden, was vielerorts vor allem Wald heißt, und bewirtschaften diesen selbst oder haben ihn verpachtet. Die übergroße Mehrzahl der niederen Adligen ist das, was die Grundbesitzer früher boshaft den »Etagenadel« nannten: Familien ohne ausgedehnten Grundbesitz, die in einer Etagenwohnung (oder einem Einfamilienhaus) leben und bürgerlichen Brotberufen nachgehen. Das trifft besonders für die zahllosen adligen Flüchtlingsfamilien zu, die nach Ende des Zweiten Weltkrieges ihre Heimat in der damaligen sowjetischen Besatzungszone, in den deutschen Ostgebieten Schlesien, Pommern und Ostpreußen, oder auch in

Böhmen und im Baltikum, allesamt adelsreiche Regionen, verloren haben. In einigen Fällen konnten sie als Gutsverwalter bei westdeutschen Verwandten tätig werden oder gar in einen Betrieb einheiraten. Meist gehörten sie aber wie ihre bürgerlichen Leidensgenossen zur Aufbaugeneration der jungen Bundesrepublik, die sich in allen nur denkbaren Berufsfeldern bewährten und einen beträchtlichen Anteil am »deutschen Wirtschaftswunder« hatten. Dass heißt nicht, dass nicht auch der »Etagenadel« Rudimente adligen Lebensstils aufweist: Gerettete Ahnenporträts oder ererbte Möbelstücke schmücken das Wohnzimmer (das nur die ältere Generation gelegentlich noch den »Salon« nennt), den Finger ziert ein Siegelring, und wenn man schon selbst keine Jagd mehr besitzt oder pachten kann, so lässt man sich doch gerne von begüterten adligen Freunden und Verwandten auf eine solche einladen. Selbstverständlich freut man sich auch, wenn der eigene Sohn oder die eigene Tochter jemanden von Adel heiratet.

Über ganz Deutschland verteilt leben aber immer noch alteingesessene Landadelsfamilien (viele davon gehören zum Uradel), die seit Jahrhunderten ihren Stammsitz auf dem Familiengut haben und die eigene Scholle beackern. Wie viele solcher Familien es gibt, ist nicht leicht zu beantworten, wohl kaum mehr als 500. Es nimmt nicht Wunder, dass viele von ihnen heimat-

Adelsverbände

Die in Sankt Augustin bei Bonn ansässige Vereinigung der Deutschen Adelsverbände (VdDA), *www.vdda.de*, die 1956 in Hannover gegründet wurde und die Tradition der 1874 in Berlin entstandenen Deutschen Adelsgenossenschaft (DAG) fortführt, ist die Standesorganisation des deutschen Adels und veröffentlicht Informationen zu historischen und gegenwärtigen Aspekten des Adels. Obwohl die Präsidenten der Vereinigung zumeist dem Hochadel entstammten (oder zumindest der III. Abteilung Fürstliche Häuser), sind die in der VdDA Aktiven meist Vertreter des niederen Adels. Wie viele Vereine und Parteien leiden auch die Adelsverbände darunter, dass sie einen großen Teil ihrer jeweiligen Zielgruppen nicht mehr erreichen. Gerade die jüngere Generation zeigt wenig Neigung, sich dauerhaft für adlige Verbandstätigkeit zu erwärmen.

verbundene, von der Mentalität her bäuerlich-konservative Naturen sind. Die meisten von Ihnen sind extrem naturverbunden, verfügen über ein enzyklopädisches Wissen zu Fragen der Forstwirtschaft, erzählen mit Stolz, wie viel Hektar Land sie »unterm Pflug« haben, und sind meist (aber nicht immer) politische Gegner der Grünen, mit deren Gedankengut sie sich aber auffällig intensiv auseinandersetzen. Wer als Großstädter das Glück hatte, näheren Kontakt zu einem bodenständigen Vertreter dieser Gattung zu haben, ist oft erstaunt über die urtümliche Kraft, die von ihnen ausgeht. Die Jagd spielt gesellschaftlich noch eine Riesenrolle, das Pferd ebenfalls, besonders bei Frauen.

In manchen Gegenden Deutschlands ist die Dichte adliger Güter noch so hoch, dass man bis heute von Adelslandschaften sprechen kann. Eine Adelslandschaft par excellence ist Schleswig-Holstein: Große, wirtschaftlich gesunde Güter mit schmucken Herrenhäusern reihen sich besonders in Ostholstein, aber auch im östlichen Schleswig und im Herzogtum Lauenburg dicht an dicht. Der Landadel besitzt in der Schleswig-Holsteinischen Ritterschaft eine ruhmreiche und bis heute gesellschaftlich aktive Standesorganisation. Ihr gehört nur der grundbesitzende Landadel an, und zwar die »Originarii«, also die Eingeborenen, und die »Receptii«, also die Zugewanderten. Auch in Niedersachsen, Westfalen und in Teilen Hessens, in geringerem Maße in Bayern und Baden-Württemberg, gibt es Gegenden mit einer größeren Dichte an Landadligen. Zuweilen besitzt der Landadel bis heute geradezu fürstliche Schlösser. Ein Beispiel ist der Niedersachse Lippold von Klencke, dessen Familie 1437 die Hämelschenburg zum Lehen empfing und Ende des 16. Jahrhunderts das imposante jetzige Schloss errichtete, ein Hauptwerk der sogenannten Weser-Renaissance.

Umfangreiche Bibliographien zum Thema Adel, besonders zum niederen Adel, hat ein 1993 gegründetes Institut Deutsche Adelsforschung seit 1998 ins Netz gestellt. Man findet sie unter *www.home.foni.net/adelsforschung*.

Großbritannien

Allein die wichtigsten Fakten über die britische Monarchie würden ein eigenes Buch füllen. Hier die allerwichtigsten: Elizabeth II, geb. am 21.4. 1927, britische Königin seit 6. Februar 1952, gekrönt am 2. Juni 1953, Oberhaupt des Commonwealth und der Church of England, ist nach Fürst Rainier von Monaco das dienstälteste Staatsoberhaupt der Welt. Sie hat bisher zehn britische Premierminister erlebt, darunter einige äußerst zählebige wie Margaret Thatcher, zehn US-Präsidenten, Hunderte von bedeutenden Staatsmännern und Tausende von ausländischen Botschaftern, die sie in zwanzigminütigen Audienzen in Buckingham Palace empfängt. Sie hat Staatsbesuche in 128 Ländern absolviert, viele davon wie Deutschland hat sie mehr als ein halbes Dutzend Mal besucht. Sie hat über 390.000 Orden und Auszeichnungen verliehen und mit etwa 3 Millionen Menschen längere oder kürzere Gespräche geführt, von denen die allermeisten sich ihr Leben lang an den Inhalt erinnern werden (sie selbst hoffentlich nicht).

Mit der Königin einen Small Talk führen kann, wer Glück hat, auf einer der drei Garden Parties, die sie jeden Sommer veranstaltet, und zu der jedes Mal 8.000 Menschen geladen werden. Nachdem die britische Monarchie durch die Skandale der 1990er Jahre um Prince Charles, Prinzessin Diana und diverser Nebenakteure ein Popularitätstief erreicht hatte, konnte die Queen im Jahre ihres Goldenen Thronjubiläums 2002 die Zustimmungsrate zur Monarchie wieder von 46 auf 67 Prozent heben. Was das Ende ihrer Amtszeit angeht, so decken sich ihre Vorstellungen mit denen des Papstes. Glücklicherweise hat sie von Mutters Seite eine robustere Gesundheit geerbt als sie der Heilige Vater besitzt. Wenn sie so alt wird wie ihre 2002 im Alter von 101 verstorbene Mutter, dann regiert sie noch bis 2027. Wenn sie nur bis 2015 durchhält, kommt sie

Die verstorbene Queen Mum, hier mit ihrem Enkel, dem Thronfolger Prinz Charles, erfreute sich ungeheurer Popularität.

Königin Elizabeth II. und Prinz Philipp bei der Parlamentseröffnung in London. Die Queen ist der einzige europäische Monarch, der noch regelmäßig, nämlich zur Parlamentseröffnung, eine Krone trägt. Diese Zeremonie findet alljährlich im September oder Oktober statt. Die Kutschfahrt der Queen von Buckingham Palace zum Parlament bietet Gelegenheit, einen Blick auf sie zu erhaschen, ebenso ihre offizielle Geburtstagsparade »Trooping the Colour« im Juni.

immerhin ins Guinness Buch der Rekorde als britischer Monarch mit der längsten Regierungszeit (den bisherigen Rekord hält ihre Ur-Urgroßmutter Queen Victoria mit 63 Jahren). Prince Charles wäre im ersteren Fall 79 Jahre alt, im letzteren erst 66. In jedem Fall wäre er auch sofort Rekordhalter unter allen britischen Königen: Keiner war bisher so alt bei seiner Thronbesteigung, nicht einmal der Sohn von Queen Victoria, Edward VII., der 61 Jahre warten musste, um seine Mutter zu beerben. Ob man angesichts dieser Aussichten beim nächsten Thronwechsel nicht an Stelle von Charles III. gleich zu William V. übergehen sollte, ist ein heiß diskutiertes Thema bei Anhängern der Monarchie. Da jedoch Prince Charles bereits laut darüber nachgedacht hat, welche subtilen Änderungen er am Wortlaut des Krönungseides vornehmen möchte, stellt sich die Alternative bisher nicht. Zuerst wird wohl die Frage beantwortet werden, wann Charles seine langjährige Lebensgefährtin Camilla Parker-Bowles ehelicht.

Die Royals werden älter, und wir mit ihnen: Prinz William (geb. 1982) und Prinz Henry (genannt Harry, geb. 1984) sind inzwischen erwachsene junge Männer und bekommen jede Woche waschkörbeweise Fanpost. Nicht nur wegen der Ähnlichkeit mit seiner 1997 tödlich verunglückten Mutter wird William von seinen zumeist weiblichen Fans längst als ungekrönter englischer König betrachtet. Die ruhige schottische Univer-

Prinz William von England – hier mit seinem Bruder Harry – wird einmal englischer König werden.

sität St. Andrews, an der die Nummer Zwei der Thronfolge Kunstgeschichte studiert, erlebte nach seiner Immatrikulation einen lawinenartigen Zuwachs an Bewerberinnen. Prinz Harry, der unter dem tragischen Ende seiner Mutter ebenso gelitten hat wie unter der immer wieder öffentlich geäußerten Vermutung, Folge der Affäre seiner Mutter mit James Hewitt zu sein, hatte 2002 Alkohol- und Drogenprobleme. Doch die Boulevardpresse, die sich nach dem Unfalltod von Prinzessin Diana eine ganz unbritische Zurückhaltung beim Thema königlicher Skandalgeschichten auferlegt hat, ließ den jungen Mann weitgehend in Ruhe. Sollte der Job der Großmutter eines fernen Tages an ihn fallen, wäre er Heinrich IX. Nach Heinrich VIII., der vor fast 500 Jahren bekanntlich auch einige familiäre Probleme zu lösen hatte, war der Vorname im englischen Königshaus nicht mehr sehr populär.

Das Haus Windsor nennt sich erst seit 1917 so. Zuvor hieß es Sachsen-Coburg-Gotha, vor 1901 Hannover. Damals wurde der Großvater von Elizabeth II., George V., wegen seiner deutschen Abstammung angegriffen. Um keinen Zweifel an seiner »Britishness« aufkommen zu lassen, legte er den deutschen Namen ab. Nach langen Überlegungen, ob man als Familiennamen Stuart, Tudor oder schlicht England wählen sollte, verfiel der König auf die Stammburg an der Themse, die Wilhelm der Eroberer hatte errichten lassen. Windsor Castle ist das größte bewohnte Schloss der Welt, Wohnsitz der Königin, das sie gegenüber dem Buckingham Palace bevorzugt. Nach dem verheerenden Brand von 1992 wurde es bis 1997 vorbildlich restauriert. Es liegt in der Einflugschneise vom Flughafen Heathrow, was für Fluggäste mit Fensterplatz attraktiv, für die Königin weniger angenehm ist. Weihnachten verbringt die gesamte königliche Familie auf Schloss Sandringham in Norfolk, das aussieht wie ein britisches Internat, und wo die Königin schon einmal einem angeschossenen Fasan eigenhändig die Gurgel umdreht. Die schottische Sommerresidenz ist Schloss Balmoral in den Highlands, das von Queen Victoria und Prinz Albert gebaut wurde. Prince Charles und seine Lebensgefährtin leben privat in Highgrove in Gloucestershire, das der Thronfolger, wie fast alle Briten ein leidenschaftlicher Gärtner, mit Hilfe renommierter Gartenarchitekten in den vergangenen 20 Jahren in ein blühendes Paradies verwandelt hat. Man kann die Gärten nach schriftlicher Anmeldung besichtigen und wird vom Obergärtner geführt, der gerne bestätigt, dass der exzentrische Thronfolger mit seinen Pflanzen spricht. Für die Besichtigung der »Royal Yacht Britannia«, mit der die Königsfamilie zwischen 1953 und 1997 über eine Million Seemeilen zurückgelegt hat, bedarf es keiner Anmeldung. Sie liegt nach ihrer Außerdienstnahme seit 1998 in Edinburgh vor Anker und kann ganzjährig besichtigt werden. Es mag die seetüchtigen Engländer schmerzen, dass kontinentale Königsfamilien wie die von Dänemark oder Norwegen noch stolze Privatyachten unterhalten. Andererseits wurde die Stillegung des Luxusdampfers als Signal bewertet, das sich das Königshaus den Anforderungen der Moderne entsprechend wandelt.

Prinzessin Diana, die »Königin der Herzen«, brachte frischen Wind in das verstaubte englische Königshaus.

Die britischen Kronjuwelen im Tower of London verzeichnen trotz horrender Eintrittsgebühren einen so hohen Touristenansturm, dass Besucher auf Rollbändern an den Vitrinen mit dem funkelnden Inhalt vorbeibefördert werden. Teile der Kunstsammlung der Königin, die oft als die »bedeutendste Privatsammlung der Welt« bezeichnet wird, aber de jure gar nicht mehr privat ist (falls England Republik würde, fiele sie an den Staat und nicht an die Familie), sind in wechselnden Ausstellungen in der 2002 eröffneten Queen's Gallery neben dem Buckingham Palace zu besichtigen.

Die offizielle Website der britischen Monarchie, vollgepackt mit Informationen, ist *www.royal.gov.uk*. Dort erfährt man unter anderem, dass der Earl of Harewood an 37. Stelle der Thronfolge steht und welche Form man wählen sollte, wenn man die Queen zu sich nach Hause einladen möchte, verbunden allerdings mit dem Hinweis, ihr die Einladung möglichst frühzeitig zukommen zu lassen, da sie über einen vollen Terminkalender verfügt.

So wie die britische Monarchie trotz einiger Modernisierungen der letzten Jahre noch immer die einzige ist, die sämtliche Register mittelalterlicher Prachtentfaltung ziehen kann (auch wenn viele der vorgeblich jahrhundertealten Zeremonien erst im viktorianischen Zeitalter erfunden wurden), so ist der britische Adel der einzige in Europa, der als kultureller und stilbildender Faktor in seinem Land noch ernst zu nehmen ist. Die Gruppe des Adels ist groß, selbstbewusst und reich genug, um noch einen eigenen Lebensstil zu pflegen. Lange Zeit, besonders im 19. Jahrhundert und in mancher Hinsicht bis heute, galt die Lebensweise eines englischen Landadligen vielen Adligen auf dem Kontinent als Ideal. Im Unterschied zum deutschen Adel, der lange Zeit kastenartig abgeschlossen heiratete und dem ein untadeliger Stammbaum wichtigstes Auswahlkriterium bei der Partnerwahl war, hat der englische Adel als »offene Elite« immer erfolgreiche Aufsteiger in seine Reihen integriert. Geld oder sogar Schönheit war einem englischen Lord oft wichtiger als eine lange Ahnenreihe. Das Wort »Ebenbürtigkeit« exsistiert im Englischen gar nicht. Das hat sicher auch damit zu tun, dass der überwiegende Teil des englischen Adels selbst nicht sehr alt ist. Der normannische Adel, der mit Wilhelm dem Eroberer 1066 auf die Insel kam und den alten angelsächsischen Adel verdrängte, rottete sich in den blutigen Rosenkriegen des 15. Jahrhunderts weitgehend gegenseitig aus. Viele Adlige sind schlicht uneheliche Nachkommen englischer Könige.

Horseguards bewachen den Buckingham Palace, die Stadtresidenz der Königin in London.

Tony Blair wollte das seit 1911 politisch beinahe machtlose House of Lords ganz abschaffen, doch beließ er es in typisch britischer Manier bei einer weiteren Reform. Nun haben nicht mehr alle Lords Anspruch, im Oberhaus vertreten zu sein. Der Hochadel, die Peers, gliedert sich in die fünf Ränge Duke, Marquess, Earl, Vicount und Baron. Sie bilden die Nobility im Gegensatz zur Gentry, dem niederen Adel (s. S. 15). Ein Duke (Herzog) wird mit »Duke«, die übrigen mit »Lord« angeredet. Die sehr förmliche Anrede ist »Your Grace«, eine Anrede, die auch den Erzbischöfen von Canterbury und York zusteht. Die Mitglieder der Gentry, die Knights (Ritter), spricht man mit Sir, gefolgt vom Vornamen an, wie »Sir Toby«, der imaginäre Dinnergast. Seine Frau ist »Lady«, gefolgt vom Nachnamen. Die Lords besitzen Adelskronen (Coronets) und mit weißem Kaninchenfell besetzte rote Roben. An Form und Anzahl der Zacken in den Kronen und der Zahl der Fellstreifen der Roben kann man die Ranghöhe des Trägers erkennen. Die Adelskrone wird von den Mitgliedern des Hochadels nur während der Krönung des Monarchen getragen. In dem Augenblick, in dem der Erzbischof von Canterbury dem König oder der Königin die Krone auf das Haupt setzt, setzen sich die Peers das Coronet auf, um zu demonstrieren, dass der Monarch nur »primus inter pares«, also Erster unter Gleichen, ist.

Prinz Andrew, Herzog von York, traditionell gekleidet für eine Sitzung im House of Lords im englischen Parlament.

Titel und Besitz eines Lords werden nur an den jeweils nächsten Verwandten, im Idealfall an den ältesten Sohn, vererbt. Dem englischen Adel sind die klingenden Titel der kontinentalen Aristokratie, die oft nicht mit Landbesitz verbunden sind, suspekt, gelegentlich macht er sich über die vielen »princelings« lustig. Wenn der Titel sehr hoch ist, etwa der eines Duke, können jüngere Söhne auch einen Titel bekommen. Lord Randolph Churchill etwa war der jüngere Sohn des 7. Herzogs von Marlborough. Sein Sohn wiederum war einfach Mr. Winston Churchill. Sir Winston Churchill wurde der britische Kriegspremier nur, weil ihm König George VI. nach dem Sieg über Nazi-

Deutschland zum Ritter des Hosenbandordens schlug, der höchsten britischen Auszeichnung. Den ihm angebotenen Herzogstitel hatte Churchill abgelehnt.

Die reichsten Lords verfügen nicht nur bis heute über riesige Schlösser, die sie mit britischem Understatement »house« nennen, Ländereien und wertvollen Kunstbesitz, sondern auch über enormen Immobilienbesitz in London. So haben etwa die Herzöge von Bedford und Westminster im 18. und 19. Jahrhundert Teile von London urbanistisch erschlossen, die erbauten Stadtviertel aber niemals verkauft. Daher zählen zu den 100 reichsten Briten trotz der Umwälzungen der vergangenen Jahrzehnte noch immer einige Adlige. Etwa 1000 private Wohnsitze des hohen und niederen Adels kann man in Großbritannien besichtigen. Auskünfte über Öffnungszeiten und Besucherattraktionen gibt das jährlich erscheinende Handbuch »Hudson's Directory«.

Skandinavien

Margrethe II. (geb. 1940) ist seit 1972 Königin von **Dänemark** und damit dienstältestes Staatsoberhaupt Skandinaviens. Ihre Eltern, der populäre Friedrich IX. (reg. 1947–1972) und Königin Ingrid, eine geborene Schwedenprinzessin, hatten drei Töchter, doch keinen Sohn. Da viele den jüngeren Bruder des Königs, Prinz Knud, als Nachfolger für ungeeignet hielten, wurde 1953 durch eine Verfassungsänderung die weibliche Thronfolge eingeführt. Der einzige weibliche Monarch Dänemarks zuvor war die legendäre Margrethe I. (1353–1412) gewesen, die 1397 mit der Kalmarer Union die vorübergehende Einheit der Königreiche Dänemark, Norwegen und Schweden geschaffen hatte.

1967 heiratete Margrethe den französischen Diplomaten Henri Comte de Laborde de Monpezat, mit dem sie zwei Söhne, den Kronprinzen Frederik (geb. 1968) und Prinz Joachim (geb. 1969), hat. Die Königin bewohnt das Schloss Amalienborg in Kopenhagen, das eigentlich aus vier baugleichen Palais besteht, die einen achteckigen Platz rahmen. Repräsentativen Pflich-

Auf dem Balkon von Schloss Amalienborg winken Prinz Henrik, Prinzessin Mary, Kronprinz Frederik und Königin Margarethe begeisterten Dänen anlässlich der Vermählung des Kronprinzen. Millionen von Monarchiefans in aller Welt verfolgten die Trauung live im Fernsehen. Die Nummer eins und Nummer zwei in der Thronfolge der neben England ältesten europäischen Monarchie haben Bürgerliche geheiratet. Und zum ersten Mal haben eine Halbchinesin und eine Australierin in ein europäisches Königshaus eingeheiratet.

ten geht die Monarchin im Schloss Christiansborg nach, die Kronjuwelen kann man im Schloss Rosenborg bewundern. Schloss Fredensborg auf der Insel Seeland, etwa 30 km westlich von Kopenhagen, ist der private Wohnsitz der Familie.

Prinz Henrik kaufte 1974 in seiner französischen Heimat das Weingut Chateau Caix, auf dem die Familie jedes Jahr die Ferien verbringt. Dessen Produkte mit dem gekrönten H für Hendrik auf dem Etikett kann man im Souvenirshop von Amalienborg erstehen. Böse Zungen behaupten allerdings, dass man dem aristokratischen Winzer gelegentlich ansehe, das er die besten Flaschen für sich selbst reserviere. Die Königin, die im Volk den Spitznamen »Daisy« hat, wird von den sonst eher kühlen Dänen heiß geliebt: 97 Prozent der Bevölkerung sind mit ihrer Amtsführung sehr zufrieden. Die volksverbundene Kettenraucherin gilt als phantasievoll und kreativ, sie ist als Designerin tätig und inszeniert Theaterstücke.

Die jüngste Schwester der Königin, Anne-Marie, heiratete 1964 Konstantin, den König der Hellenen. Mit diesem musste sie 1967 Griechenland verlassen, 1974 wurde per Volksentscheid die Monarchie abgeschafft. Anne-Marie lebt mit ihrer Familie im Exil in London. Die mittlere Schwester Benedikte heiratete den Prinzen Richard von Sayn-Wittgenstein-Berleburg. Als Deutscher hatte er zunächst einen schweren Stand, da die Erinnerung an die deutsche Besetzung Dänemarks im Zweiten Weltkrieg noch frisch war. Damals hatte der Großvater der Königin, Christian X., seinem Volk mit seinem täglichen Ritt durch Kopenhagen Zuversicht und Durchhaltewillen eingeflösst.

Prinz Joachim heiratete 1995 auf dem imposanten Renaissanceschloss Frederiksborg die schöne Halbchinesin Alexandra Manley, deren Vater aus Hongkong und deren Mutter aus Österreich stammt. Inzwischen wurde offiziell die Scheidung bekannt gegeben. Die beiden haben zwei Söhne (Prinz Nikolaj, geb. 1999, und Prinz Felix, geb. 2002) und lebten bislang auf Gut Schackenborg in Nordschleswig, das über 300 Jahre im Besitz der Grafen Schack war, und das der kinderlose letzte Graf dem Prinzen vermachte.

Der gutaussehende Kronprinz Frederik mit einem Faible für Rennautos bevölkerte als jugendlicher Playboy lange die Schlagzeilen der Regenbogenpresse. Zu seinen häufig wechselnden Freundinnen gehörten ein Model für Unterwäsche, Katja Storkholm-Nielsen, sowie die Schlagersängerin Maria Montell. Gewöhnlich gut informierte Kreise wollen wissen, dass es der Königin in heftigen Zusammenstößen mit dem Thronfolger stets gelang, die in ihren Augen ungeeigneten Schwiegertöchter zu vergraulen. Im Frühjahr 2000 kämpfte sich der abenteuerlustige 32jährige Kronprinz in Nordgrönland bei Temperaturen von bis zu minus 40 Grad mit dem Hundeschlitten 3500 Kilometer durch das ewige Eis. Wenig später lernte er bei den Olympischen Spielen die australische Jura-Studentin Mary Donaldson kennen. Als sie im Jahre 2002 der Königin vorgestellt wurde, konnte die beim besten Willen nichts an der klugen und charmanten Freundin ihres Sohnes aussetzen und gab die Einwilligung zur Hochzeit, die am 14. Mai 2004 im Kopenhagener Dom stattfand. Mehr Informationen: *www.kongehuset.dk*

Schloss Christiansborg wird für Repräsentationszwecke genutzt.

Die schwedische Königsfamilie: Prinz Carl Philip, Prinzessin Madeleine, Königin Silvia, König Carl Gustav und Kronprinzessin Victoria.

Die **schwedische Monarchie** verstand es, bis in das 20. Jahrhundert einen beträchtlichen Glanz zu entfalten. Das mag daran liegen, dass die Dynastie Bernadotte erst seit 1818 in Schweden regiert und fehlendes Alter durch äußerliche Prachtentfaltung wettmachen musste. König Oskar II. wurde noch 1873 in einer mittelalterlichen Zeremonie in Stockholm zum König gekrönt, als andere Monarchien die Krönung längst abgeschafft hatten. Alle Prinzen des königlichen Hauses trugen dabei seltsam spitzzackige Kronen, die man in der Schatzkammer des Stockholmer Schlosses besichtigen kann. Heute werden die Kroninsignien nur noch bei feierlichen Anlässen auf Präsentierkissen neben dem Monarchen ausgestellt.

Die Könige Gustav V. und Gustav VI. Adolf besaßen eine starke Persönlichkeit und ein wahrhaft königliches Auftreten. Dies attestieren die Schweden ihrem derzeitigen Monarchen, Carl XVI. Gustav (geb. 1946) weit weniger. Gelegentlich äußern Schweden gegenüber Deutschen: »Eine Deutsche hat die schwedische Monarchie gerettet.« Jedenfalls hat es die Heidelbergerin Silvia Sommerlath als Königin verstanden, der Monarchie mit Charme und Intelligenz zu neuer Popularität zu verhelfen. Sie arbeitete als Hostess bei den Olympischen Spielen 1972 in München, wo sie Carl Gustaf kennen lernte. 1976 heirateten die beiden in Stockholm. Der imposante Königspalast, ab 1697 nach einem verheerenden Brand von Nicolaus Tessin im Stil eines römischen Palazzo errichtet, ist einer der bedeutendsten Barockbauten Europas. Heute dient er nur als Dienstsitz und für Repräsentationspflichten, die königliche Familie lebt in einem Flügel der barocken Sommerresidenz Schloss Drottningholm am Stadtrand. Als Sommerresidenz dient Schloss Solliden auf der Ostseeinsel Öland.

Das Königspaar hat drei Kinder: Kronprinzessin Victoria (geb. 1977), Prinz Carl Philip (geb. 1979) und Prinzessin Madeleine (geb. 1982). Victoria hatte keine leichte Jugend. Sie wurde erst auf Grund einer Verfassungsänderung, in der die weibliche Thronfolge eingeführt wurde, Kronprinzessin und litt offensichtlich lange unter der Bürde, dereinst Königin zu werden. Wie ihr Vater leidet sie unter Legasthenie, einer angeborenen Lese- und Schreibschwäche. Als junge Frau war sie an Magersucht erkrankt, über die sie auch öffentlich sprach. Sie brach ihr Studium in Uppsala ab und setzte ihre Ausbildung in den USA, in Rom, Madrid und Berlin fort. 2003 absolvierte sie eine dreiwöchige Grundausbildung beim schwedischen Militär. Abgesehen von dem notorisch heiratsscheuen Albert von Monaco und Erbgroßherzog Guillaume von Luxemburg, der erst 23 ist, ist Kronprinzessin Victoria von Schweden der einzige Thronfolger in Europa, der noch zu haben ist. Zur Boulevardpresse, die ihr bereits Schwangerschaften und »Blitzhochzeiten« andichtete, hat sie ein gespanntes Verhältnis, doch scheint sie als zukünftige Königin ihren Weg zwischen den Anforderungen der Tradition und der modernen Gesellschaft gefunden zu haben. Mehr Informationen: *www.royalcourt.se*

Der Königspalast in Stockholm, einer der bedeutendsten Barockbauten in Europa.

Kronprinz Hakon von Norwegen, Kronprinzessin Mette-Marit, ihr Sohn Marius sowie die gemeinsame Tochter Prinzessin Ingrid Alexandra.

Norwegen wurde erst 1905 ein von Schweden unabhängiges Königreich. Davor war es Jahrhunderte lang von Dänemark bzw. Schweden mitregiert worden. Norwegen hat seit 1905 nur drei Könige gehabt, die ihren Namen aber hohe Ziffern folgen ließen: Haakon VII., Olav V. und Harald V. Sie nehmen Bezug auf das mittelalterliche norwegische Königshaus, das bereits 1319 im Mannesstamme ausgestorben war. Der erste »neue« König, ein Dänenprinz, regierte 53 Jahre lang, bis 1957. Er war mit der englischen Prinzessin Maud verheiratet, die 1938 starb, und ging während des Zweiten Weltkrieg, als Norwegen von Nazi-Deutschland besetzt war, ins Exil nach London. Als Dank dafür, dass London Königshaus und Exilregierung aufnahm, stiftet Norwegen bis heute den Weihnachtsbaum auf dem Trafalgar Square. Haakons Sohn, Olav V., bei der Thronbesteigung schon verwitwet, regierte 34 Jahre. Als er 1991 starb, folgte ihm sein König Harald V., ein hervorragender Segler und Skiläufer, auf den Thron.

Mit seiner Frau, Königin Sonja, gab es zum ersten Mal seit 53 Jahren wieder eine Königin im Osloer Schloss. Die neue Königin entstammte einer wohlhabenden Osloer Kaufmannsfamilie. Als Kronprinz Harald die Bürgerliche 1968 gegen anfängliche Bedenken seines Vaters heiratete, blieben einige europäische Fürstenhäuser demonstrativ der Trauung fern. Ganz anders 2001: Als der jetzige Kronprinz Hakoon (geb. 1973) Mette-Marit Tjesem Höiby ehelichte, die nicht nur bürgerlich, sondern auch eine »Frau mit Vergangenheit« war, zeigte der Hochadel Flagge: Sämtliche Königshäuser waren vollzählig erschienen. Mette-Marit brachte einen unehelichen Sohn mit in die Ehe und sie hat eine wilde Zeit in der Osloer Drogenszene hinter sich. Doch durch eine Charmeoffensive und ihre offensichtliche Verliebtheit erfreut sich das Kronprinzen-

Die Kroninsignien des norwegischen Königshauses

paar in der norwegischen Öffentlichkeit großer Beliebtheit. 2004 kam Prinzessin Ingrid Alexandra als erstes Kind der beiden auf die Welt. Sie steht in der norwegischen Thronfolge auf dem zweiten Platz nach ihrem Vater Kronprinz Haakon. Mehr Informationen: *www.kongehuset.no*

In den skandinavischen Königreichen gibt es abgesehen von den Dynastien keinen Hochadel. Sowohl in Schweden als auch in Dänemark gibt es Titularherzöge, Grafen und Barone. Schweden erkennt auch ausländische Titel an. So leben hier Nebenlinien fürstlicher Häuser aus anderen europäischen Ländern. Der Herzogstitel wird in beiden Königreichen nur von Mitgliedern der königlichen Familie getragen. Der schwedische Adel verfügt noch über eine stattliche Anzahl von Schlössern in landschaftlich schöner Lage, die zumeist dem 17. bis 19. Jahrhundert entstammen. Sie sind nur beschränkt dem Publikum zugänglich, gelten aber unter Kennern wegen ihrer mit nordischer Stilsicherheit eingerichteten Interieurs als Geheimtipp. Auch in Dänemark gibt es noch ein paar Dutzend Schlösser und Herrenhäuser in Adelsbesitz, von denen einige zu besichtigen sind. Norwegen besitzt als einzige europäische Monarchie keinen Adel. Bereits im Staatsgrundgesetzt von 1814 wurde der Adel, der in Norwegen keine Rangstufen kannte oder Adelsprädikate führte, abgeschafft.

Niederlande, Belgien und Luxemburg

Nach weit mehr als hundert Jahren wird mit Kronprinz Willem-Alexander der Niederlande (geb. 1967) eines Tages wieder ein Mann holländischer König werden, nachdem zuvor seine Mutter Beatrix, Großmutter Juliana, Urgroßmutter Wilhelmina und Ururgrossmutter Emma den Thron innegehabt hatten. Die Niederländer sind mit dieser weiblichen Abfolge an Monarchen alles andere als schlecht gefahren. Beatrix, Juliana und Wilhelmina hatten deutsche Adlige als Ehemänner, während Königin Emma, die eigentlich nur Regentin für ihre minderjährige Tochter war, selbst dem deutschen Fürstenhaus Waldeck-Pyrmont entstammte. Dass die holländische Dynastie Nassau-Oranien »von teutschem Blut« ist, singen die Holländer in ihrer Nationalhymne, dem »Wilhelmus«.

Anthonis Mor van Dashorst, Bildnis des Wilhelm I. von Oranien, 1555. Wilhelm I., genannt »Der Schweiger«, führte den niederländischen Freiheitskrieg gegen die Spanier.

Die Oranier hatten mit Wilhelm dem Schweiger den niederländischen Freiheitskrieg gegen die Spanier im 16. Jahrhundert angeführt. Sie regierten im 17. und 18. Jahrhundert als Statthalter und ab 1815 als Könige. Die Wappenfarbe der Oranier orange wurde zur Nationalfarbe. Doch die dynastischen Beziehungen zu Deutschland waren kein Garant für kontinuierlich gute deutsch-niederländischen Beziehungen. Während die Niederlande im Ersten Weltkrieg neutral blieben und Königin Wilhelmina dem gestürzten deutschen Kaiser Wilhelm II. 1918 Asyl anbot, wurden die Niederlande im Zweiten Weltkrieg von Nazi-Deutschland besetzt. Wilhelmina floh ins Exil nach London, von wo sie den Widerstand gegen die deutsche Besatzung organisierte. Sie kehrte am Ende des Krieges zurück und dankte 1948, im Jahr ihres Goldenen Thronjubiläums, zugunsten ihrer Tochter Juliana ab. Wilhelmina hatte das Privatvermögen des Königshauses kontinuierlich vergrößert, sodass das holländische Königshaus heute vermutlich das reichste Europas ist. Juliana (1909–2004) wiederum trat den Thron 1980 an ihre Tochter Beatrix, die jetzige Königin (geb. 1938) ab. Juliana galt als volkstümlicher als die eher strenge Beatrix, doch wurde ihre Regierung gegen Ende, im Jahre 1977, durch eine Bestechungsaffäre ihres Mannes, Prinz Bernhard zur Lippe-Biesterfeld überschattet. Er musste darauf fast alle öffentlichen Ämter niederlegen. Die Residenz von Königin Beatrix ist das Barockschloss Huis ten Bosch in Den Haag. Einmal im Jahr, am 3. Dienstag im September, fährt sie mit der goldenen Kutsche zur feierlichen Parlamentseröffnung in den Binnenhof.

Kronprinz Willem Alexander, Königin Beatrix mit Enkelin Catharina Amalia, Prinzessin Máxima in Roca dei Draconie, der italienischen Residenz der Königsfamilie bei Tavarnelle Val di Pesa.

Am »02.02.02« heiratete Kronprinz Willem Alexander in Amsterdam die schöne Argentinierin Máxima Zorreguita, ein Medienspektakel, dass von vier deutschen Fernsehsendern live übertragen wurde. Die Hochzeit war der letzte öffentliche Auftritt des Vaters von Prinz Willem Alexander, Prinz Claus, der im selben Jahr starb. Der Vater der Braut, Jorge Zorreguita, war nicht anwesend, da er wegen seiner politischen Vergangenheit in den Niederlanden zur unerwünschten Person erklärt worden war. Er hatte von 1976 bis 1981 der argentinischen Militärregierung angehört, unter der bis zu 30.000 Menschen ermordet wurden. Als 2004 das erste Kind des Kronprinzenpaares, Prinzessin Catharina Amalia, die jetzige Nummer Zwei in der Thronfolge, in der Großen Kirche in Den Haag getauft wurde, kam es zu Demonstrationen, weil Máximas Vater diesmal gekommen war.

Willem Alexanders jüngster Bruder Constantijn hatte bereits ein 2001 die Ministertochter Laurentien Brinckhorst geheiratet. Der mittlere der drei Söhne von Königin Beatrix, Prinz Johan Friso, lernte Mabel Wisse Smit über seine Schwägerin Laurentien kennen. Da sie gegenüber dem Parlament ihre 15 Jahre zurückliegende Beziehung zu dem später erschossenen Amsterdamer Drogenboss Klaas Bruinsma verharmloste, verweigerten die Abgeordneten die Zustimmung zur Ehe. Johann Friso heiratete Mabel 2004 trotzdem – und verzichtete auf seinen Platz in der Thronfolge. Mehr Informationen: *www.koninklijkhuis.nl*

Belgien besteht als souveränes Königreich erst seit 1830. Es ist damit nach Norwegen, das jedoch bereits im Mittelalter existierte und 1905 wieder ein selbständiges Königreich wurde, die zweitjüngste der europäischen Monarchien. Geographisch umfasst Belgien etwa das Territorium der Spanischen und später Österreichischen Niederlande, das im 16. und 17. Jahrhundert von Madrid, im 18. Jahrhundert von Wien aus regiert wurde. Auf dem Wiener Kongress 1815 wurden die heutigen drei Benelux-Staaten zum Königreich der Vereinigten Niederlande mit der Hauptstadt Den Haag verbunden. Doch der südliche, katholische Landesteil fühlte sich gegenüber dem protestantischen Norden politisch benachteiligt und brach im europäischen Revolutionsjahr 1830 mit der Union. Die europäischen Großmächte machten einen deutschen Prinzen aus dem Hause Sachsen-Coburg zum König der Belgier, der 1831 als Leopold I. den Thron bestieg.

Die Coburger verstanden es bis heute, das durch die Dreisprachigkeit in seiner nationalen Identität verunsicherte Land zu stabilisieren. Gleichzeitig gelang es ihnen, ein beträchtliches persönliches Vermögen aufzubauen. Leopold II. besaß im Kongo eine Kolonie, die

Die belgische Königsfamilie im Garten des Königspalastes in Brüssel. Vordere Reihe von links nach rechts: Prinz Joachim, Königin Paola mit Prinzessin Laetitia-Maria, König Albert II., Königin Fabiola, Prinzessin Louisa-Maria. Hintere Reihe: Prinz Laurent, Prinzessin Claire, Prinz Amedeo, Prinzessin Elisabeth, Kronprinz Philippe, Kronprinzessin Mathilde, Prinz Lorenz, Prinzessin Astrid, Prinzessin Maria-Laura

Schloss Laeken in Brüssel, im Hintergrund die königlichen Gewächshäuser.

faktisch Privatbesitz war und die er gnadenlos ausbeuten ließ. Damit erregte er im zeitgenössischen Europa, das in Kolonialfragen wahrlich nicht zimperlich war, Empörung und Abscheu. König Leopold III., dessen Haltung während der deutschen Besatzung im Zweiten Weltkrieg nach 1945 stark umstritten war, musste nach einer sechsjährigen Thronkrise 1951 zugunsten seines Sohnes Baudouin (1930–1993) abdanken. Dessen Ehe mit der spanischen Adligen Fabiola Mora y Aragón blieb kinderlos, so dass ihm sein Bruder als Albert II. nachfolgte.

Ganz im Gegensatz zur katholisch-frommen Eheführung von König Baudoin und Königin Fabiola galten König Albert und Königin Paola, eine geborene Prinzessin Ruffo di Calabria, auch nach ihrer Hochzeit nicht als strenge Interpreten ehelicher Treue. Beide leisteten sich reihenweise Seitensprünge. Doch selbst als der König öffentlich die Existenz einer unehelichen Tochter eingestehen musste, litt seine Popularität dadurch nicht – eher im Gegenteil. Kronprinz Philippe (geb. 1960) heiratete 1999 die adlige Logopädin Mathilde d'Udekem d'Acoz. Bereits 1991 hatte das belgische Parlament die weibliche Thronfolge eingeführt. Daher dürfte die 2001 geborene Prinzessin Elisabeth eines Tages als erste Frau den belgischen Königsthron besteigen. 2003 wurde dem Thronfolgerpaar der Sohn Gabriel geboren. Mehr Informationen unter *www.monarchie.be*

Luxemburg ist das einzige Großherzogtum in Europa. Staatsoberhaupt ist seit 2000 Großherzog Henri (geb. 1953), nachdem sein Vater Großherzog Jean (geb. 1921), der seit 1964 regierte, zugunsten seines Sohnes abgedankt hatte. Luxemburg wurde 1815 Großherzogtum, blieb aber bis 1890 in Personalunion mit den Niederlanden verbunden. Großherzogin Charlotte, die 45 Jahre (1919–1964) regierte, war eine aristokratische Figur, die selbst neben den Kennedys im Weißen Haus eine glanzvolle Erscheinung bot und niemanden im Zweifel ließ, dass in ihren Augen die USA und Luxemburg gleichrangige souveräne Staaten seien. Als Luxemburg im Zweiten Weltkrieg von Deutschland besetzt war, floh die Großherzogin nach London. Als deutsche Stellen sie aufforderten, zurückzukehren, antwortete sie mit dem berühmt gewordenen Satz: »Mein Herz sagt Ja, aber mein Verstand sagt Nein.« Großherzog Henri heiratete 1981 Maria Teresa Mestre, die mit ihren Eltern aus Kuba geflohen war, und die er beim Studium in Genf kennen gelernt hatte. Das Paar hat vier Söhne, darunter Erbgroßherzog Guillaume (geb. 1981) und eine Tochter. Mehr Informationen unter: *www.gouvernement.lu*

Großherzog Henri und Großherzogin Maria Teresa von Luxemburg.

Spanien

Spanien ist das einzige Land Europas, das im 20. Jahrhundert von der Republik zur Monarchie zurückgekehrt ist. Das Land ist als Demokratie erfolgreich, und ein Teil dieses Erfolges wird – zu Recht – dem Königshaus zugeschrieben. Anhänger der Monarchie führen gern das spanische Beispiel an: Es zeigt, dass die europäischen Staaten sich nicht zwangsläufig von der Monarchie zur Republik entwickeln und am Ende als demokratische Republiken in einem geeinten Europa aufgehen. Doch das spanische Beispiel hat keine Nachfolger gefunden. Der Bruder der spanischen Königin, Ex-König Konstantin von Griechenland, mag sich Hoff-

Tizian, Bildnis Kaiser Karls V., 1548. Der habsburgische Kaiser des Heiligen Römischen Reiches regierte in Spanien als König Karl I.

nungen gemacht haben, eines Tages wieder den Thron in Athen zu besteigen – sie waren vergeblich. Auch als es nach 1989 für Anhänger der Monarchie in Osteuropa zeitweilig so aussah, als könnten die Ex-Könige Michael von Rumänien und Simeon von Bulgarien nach spanischem Vorbild die Monarchie restaurieren, geschah nichts dergleichen. Das spanische Beispiel bleibt wohl deswegen unwiederholbar, weil der Monarch nicht von seinem Volk zurückgerufen, sondern von seinem Vorgänger, einem Diktator, eingesetzt wurde. Das eigentliche spanische Wunder besteht darin, dass der König nicht, wie es seiner Erziehung entsprochen hätte, einen autoritären Kurs steuerte, sondern sein Land der Demokratie und dem europäischen Einigungsprozess öffnete.

Das spanische Mittelalter war geprägt von der »Reconquista«, dem Kampf verschiedener christlicher Königreiche gegen die islamische Herrschaft. 1492, als Kolumbus im Auftrage der »katholischen Könige« Ferdinand von Aragon und Isabella von Kastilien in die Neue Welt segelte, fiel das letzte islamische Bollwerk Granada. 1516 wurde Ferdinands Enkel, der Habsburger Karl, König, der seit 1519 auch Kaiser des Heiligen Römischen Reiches war. Als Kaiser nannte er sich

El Escorial bei Madrid, eine Kombination aus königlicher Residenz und Kloster, begonnen 1563.

König Juan Carlos und Königin Sophia von Spanien im Gespräch mit Papst Johannes Paul II.

Karl V., als Regent der Königreiche Kastilien und Aragon, für die nun der Name Spanien aufkam, Karl I. Unter ihm erlebte das Haus Habsburg seine größte Macht. Sein Sohn Philipp II. (1556–1598) schuf das architektonische Symbol des spanischen Königtums, den Escorial bei Madrid. Die Habsburger regierten bis zu ihrem Aussterben im Jahre 1700 in Spanien.

Nach dem blutigen Spanischen Erbfolgekrieg folgten ihnen nicht die österreichischen Habsburger, sondern die französischen Bourbonen. Ein Enkel Ludwigs XIV. von Frankreich wurde als Philipp V. 1713 von den europäischen Großmächten anerkannt. Die Bourbonen konnten den wirtschaftlichen und politischen Niedergang des Landes im 18. und 19. Jahrhundert nicht verhindern. Im 19. Jahrhundert kam es wegen eines Thronfolgestreites zwischen Königin Isabella II. und ihrem Onkel Karl zu zwei blutigen Bürgerkriegen, den Karlistenkriegen. Isabellas gesamte Regierungszeit war von schweren inneren Unruhen geprägt, die 1868 zu ihrem Sturz führten. Kurze Zeit war Spanien Republik, ehe Isabellas Sohn Alfons XII. 1875 den Thron bestieg. Sein Sohn Alfons XIII., unfähig, die Probleme des Landes zu lösen, musste Spanien 1931 verlassen, in Madrid wurde die Zweite Republik ausgerufen.

Von 1936 bis 1939 versank das Land im Bürgerkrieg, aus dem General Franco als Militärdiktator hervorging. 1945 sagte er die Wiedereinführung der Monarchie zu. Da ihm der Sohn von Alfons XIII., Don Juan von Bour-

Kronprinz Felipe heiratete am 22. Mai 2004 die Fernsehjournalistin Letizia Ortiz.

bon (1913–1993) als zu liberal erschien, bestimmte Franco dessen Sohn Juan Carlos, geboren 1938 in Rom, zum eigenen Nachfolger. Er ließ ihn zehnjährig nach Madrid übersiedeln und bereitete ihn planmäßig auf sein zukünftiges Amt vor. 1962 heiratete Juan Carlos Prinzessin Sophia von Griechenland. Als der Diktator 1975 starb, wurde Juan Carlos zum König vereidigt. Entgegen den Hoffnungen der Franco-Anhänger entmachtete er umgehend die alte Garde. 1977 fanden freie Wahlen statt, 1978 gab sich das Land eine neue Verfassung und Juan Carlos trat fast alle Machtbefugnisse aus der Franco-Ära ab. Der vielleicht größte Tag im Leben des Königs kam 1981, als Oberst Tejero das Parlament besetzte und die Regierung für abgesetzt erklärte. Doch der König behielt die Nerven. Er erinnerte unverzüglich telefonisch alle Militärführer im Land an ihren Eid auf die Verfassung. Danach erschien er in der Uniform des Oberbefehlshabers im Fernsehen und befahl den Aufständischen, unverzüglich in die Kasernen zurückzukehren. Binnen 24 Stunden war der Militärputsch in sich zusammengebrochen. Seither gilt Juan Carlos als Retter der Demokratie.

Das Königspaar hat drei Kinder. Prinzessin Elena, geb. 1963, heiratete 1995 in der Kathedrale von Sevilla den Banker Jaime de Marichalar, Prinzessin Christina, geb. 1965, 1997 in Barcelona den baskischen Handballstar Inaki Urdangarin. Kronprinz Felipe, Prinz von Asturien, geb. 1968, gab am 22. Mai 2004 in der Kathedrale von Madrid der TV-Journalistin Letizia Ortiz das Ja-Wort. Es war die erste Königshochzeit in Madrid seit fast 100 Jahren. Die schöne Fernsehansagerin hatte 1998 den Schriftsteller Alonso Guerrero geheiratet, die Ehe war aber bereits nach einem Jahr wieder geschieden worden. Mehr Informationen: *www.casareal.de*

Fürstentum Liechtenstein

Fürst Hans-Adam II. von und zu Liechtenstein (1945 in Zürich geboren, Anrede: Durchlaucht) ist der einzige deutschsprachige Monarch, Liechtenstein so etwas wie ein letztes Überbleibsel des Heiligen Römischen Reiches. Zwischen Österreich und der Schweiz am jungen Rhein gelegen, hat sich der Zwergstaat unter tatkräftiger Mithilfe des Fürstenhauses nach dem Zweiten Weltkrieg zum wichtigen Finanzplatz gemausert. Die Familie stammt ursprünglich nicht aus dem Fürstentum, sondern hat das Territorium erst 1699 und 1712 durch Kauf erworben. 1719 wurde es zum Reichsfürstentum erhoben, seit 1723 hatte der Fürst Sitz und Stimme im Reichstag in Regensburg. Bis 1938 residierte der Fürst in Wien und besuchte sein damals noch rückständiges Fürstentum nur gelegentlich. Fürst Franz Josef II. (1908–1989), der 1938 zur Regierung gelangte, wollte nach dem »Anschluss« Österreichs an Nazi-Deutschland nicht im Machtbereich Hitlers leben und verlegte den Regierungssitz nach Vaduz.

Über dem Ort thront Schloss Vaduz, das nicht besichtigt werden kann. Es wurde zu Beginn des 20. Jahrhunderts im Stil einer alpenländischen Burg umgebaut. Die Ursprünge der Familie liegen im Dunkeln. Vielleicht kam sie mit den Babenbergern aus Bayern nach Niederösterreich. Erstmals wird mit Hugo von Liechtenstein 1136 ein Träger dieses Namens erwähnt.

Fürst Hans-Adam II., Erbprinzessin Sophie, Erbprinz Alois und Fürstin Marie bei der feierlichen Amtsübergabe am 15. August 2004 in Vaduz. Viertausend Liechtensteiner verfolgten die Zeremonie auf der Schlosswiese.

Er nannte sich nach seiner Stammburg südlich von Wien. 1608 wurde Karl von Liechtenstein vom Kaiser in den erblichen Fürstenstand erhoben. Hans-Adam II. ist der 14. Fürst. Seit 1967 ist er mit Gräfin Marie Kinsky verheiratet, die 1940 in Prag geboren wurde, und mit der er vier Kinder hat: Erbprinz Alois, die Prinzen Maximilian und Constantin und Prinzessin Tatjana.

Hans-Adam II. führte sein Land in die UNO und die WTO. Die verfassungsmäßige Stellung des Fürsten von Liechtenstein ist stärker als die anderer europäischer Monarchen. Dies führte zu Beginn des neuen Jahrhunderts zu einem Verfassungskonflikt, bei dem Fürst Hans-Adam gar mit der Abdankung drohte. Er wollte sich nicht zu einem »Grüß-Gott-August« reduzieren lassen. Schließlich sprach sich die Bevölkerung 2003 mit 64 Prozent für den Verfassungsentwurf des Fürstenhauses aus, die dem Monarchen auch weiterhin eine starke politische Stellung garantiert. Die reformierte Verfassung sichert dem Fürsten weite Machtbefugnisse in der Innen- und Außenpolitik sowie die Ernennung der Richter zu. Andererseits enthält er, und das ist einmalig in Europa, Regelungen für eine Abschaffung der Monarchie, ohne dass der Fürst sein Veto dagegen einlegen kann.

Erbprinz Alois (Anrede: Durchlaucht) kam 1968 in Zürich zur Welt. Er absolvierte nach dem Abitur eine Offiziersausbildung an der britischen Militärakademie in Sandhurst und tat dann Dienst bei den Coldstream Guards in Hong Kong und London. Nach dem Jurastudium in Salzburg lebte er mit seiner Frau Erbprinzessin Sophie einige Jahre in London. Die 1967 in München geborenen Prinzessin Sophie in Bayern (Anrede: Königliche Hoheit) ist eine Ururenkelin des letzten Königs von Bayern. Sie studierte Geschichte in Eichstätt. Das Paar hat vier Kinder: Joseph Wenzel, Marie Caroline, Georg und Nikolaus. Erbprinz Alois ist seit dem 15. August 2004, dem Staatsfeiertag in Liechtenstein, Stellvertreter seines Vaters und übt damit faktisch alle Aufgaben des Staatsoberhauptes aus.

Der kulturelle Einfluss der Familie erstreckte sich über weite Teile Mitteleuropas, von Böhmen und Mähren über die Alpenländer bis hin nach Oberitalien. Vor 1945 besaß das Fürstenhaus in Mähren riesige Ländereien. Sein privater Grundbesitz war 12 Mal so groß wie das gesamte Fürstentum. Nach dem Ende des Kommunismus bemühte sich Hans-Adam II. bei der tschechischen Regierung vergeblich, diesen Besitz wiederzuerlangen. Die bedeutendsten Anlagen sind die Schlösser von Valtice (Feldsberg), Lednice (Eisgrub) und Bucovice (Butschowitz) Sie gehören heute zum Weltkulturerbe der UNESCO. In Wien unterhält die Familie zwei Barockpaläste: Das Stadtpalais in der Bankgasse und das Gartenpalais in der Rossau. Das Stadtpalais neben dem Burgtheater wird von der Familie während ihrer Aufenthalte in Wien bewohnt. Teile sind an Behörden vermietet, andere anlässlich von Konzerten zugänglich. Auch die liechtensteinische Botschaft in Österreich residiert seit 1998 hier. Im Gartenpalais ist seit 2004 die Sammlung des Fürstenhauses, die von 1804 bis 1938 bereits hier ausgestellt war, zu besichtigen. Am Ende des Zweiten Weltkrieges gelangte sie nach Vaduz. Sie gehört zu den wichtigsten privaten Kunstsammlungen der Welt.

Weiterhin verfügt das Fürstenhaus über umfangreiche Weingüter in Wilfersdorf in Niederösterreich, Forstbesitz in der Steiermark sowie landwirtschaftliche Nutzflächen in Nordamerika, auf denen vor allem Reis angebaut wird. Die Haupteinnahmequelle für die Familie liegt im Bank- und Finanzwesen: sie besitzt eine der beiden Liechtensteiner Banken. Mit seinen Untertanen verbindet das Fürstenhaus das Interesse, die günstigen Bedingungen für Bankkunden in Liechtensteins gegen den Druck der EU-Nachbarn zu erhalten. Die Außenpolitik des Fürstenhauses zielt darauf, die Souveränität des Landes zu erhalten und dem Druck der mächtigen Nachbarn zu widerstehen. Dazu dient auch die Eröffnung einer Botschaft in Berlin im Jahre 2002. Andererseits ist man seit Jahrzehnten bemüht, die wirtschaftliche Abhängigkeit des Landes vom Bankwesen durch Ansiedlung neuer Betriebe zu mindern. Einen Teil der Gewinne, den das Fürstenhaus macht, investiert es in Alte Kunst. Es gehört heute zu den wenigen europäischen Sammlern, die bei Auktionen von Spitzenwerken Alter Meister mitbieten können und die in den letzten Jahren seiner weltberühmten Sammlung weitere Meisterwerke hinzufügen konnte.

Unter *www.fuerstenhaus.li* kann man sich detailliert über die vielfältigen Wirtschaftsunternehmen, die Kunstschätze und das Familienleben des Hauses Liechtenstein informieren.

Fürstentum Monaco

Der Zwergstaat Monaco umfasst von der Fläche her nur gut ein Zehntel des Zwergstaates Liechtenstein. Doch während das Fürstenhaus von Liechtenstein so gut wie nie durch Familienklatsch in den Medien auffällt, gehören die Skandale und Tragödien der Grimaldis zu den Exportschlagern von Monaco. »Meine Familie ist die beste Publicity für Monaco«, hat Fürst Rainier III. einmal geäußert. Auch wirtschaftlich führt er sein Fürstentum patriarchalisch wie einen Familienbetrieb. Das Fürstentum zieht sich als schmaler Streifen auf einer Länge von etwa drei Kilometern zwischen den Ausläufern der französischen Alpen und dem Mittelmeer hin. Obwohl dem Meer in den vergangenen Jahrzehnten etwa 30 Hektar Land abgetrotzt wurden, beträgt die Gesamtfläche von Monaco nur zwei Quadratkilometer. Neben 5000 Monegassen leben hier 25.000 Ausländer aus 94 Nationen – die meisten von ihnen reich. 1993 folgte Monaco dem Liechtensteiner Vorbild und wurde Mitglied der UN, um im Bund der Völkergemeinschaft seine Souveränität zu sichern.

Fürst Rainier III. und Fürstin Gracia Patricia von Monaco mit ihren Kindern Erbprinz Albert, Prinzessin Caroline (links) und Prinzessin Stephanie (rechts).

Fürst Rainier (geb. 1921) ist Souverän des Fürstentums seit 1949 und damit dienstältester Staatschef der Welt. Nach offizieller Zählung ist er der 33. Herrscher des Territoriums, doch weist der Stammbaum der Grimaldis in Monaco etliche Lücken und Ungereimtheiten auf, und Familienskandale sind nicht erst die Erfindung der jetzigen Generation. Nicht ganz zu Unrecht nennen Spötter die Grimaldis Nachkommen von Seeräubern. Der Überlieferung nach soll 1297 der Genuese Francesco Grimaldi als Mönch verkleidet mit einem Begleiter Einlass in die von einer anderen Genueser Familie gehaltene Seefestung Monaco begehrt haben. In der Nacht zückten die beiden Männer ihre in der Kutte verborgenen Schwerter, überwältigten die Torwachen und ließen ihren draußen lauernden Spießgesellen in die Festung, die sie eroberten. Das monegassische Wappen zieren bis heute als Schildträger die beiden »Mönche« mit gezückten Schwertern.

Monte Carlo, die Hauptstadt des Fürstentums, ist bekannt für sein Spielcasino und die Formel-I-Rennen, die mitten durch das Zentrum führen.

Die folgenden Jahrhunderte waren von wechselndem Glück geprägt, erst 1512 erkannte König Ludwig XII. von Frankreich das Gebiet als souveränes Fürstentum an. 1861 musste der damalige Fürst etwa neun Zehntel des Fürstentums an Frankreich abtreten, doch kam das Land durch die Einrichtung des Spielcasinos in Monte Carlo zu Geld. Seit 1918 besteht ein Vertrag mit Frankreich, das als »Schutzmacht« den Regierungschef und den Innenminister stellt und Monaco auch außenpolitisch weitgehend repräsentiert. Beim Aussterben der Grimaldis fiele das Fürstentum an Frankreich, jedoch kann der regierende Fürst die Erbfolge beim Fehlen eines legitimen Erben auf ein adoptiertes Kind übertragen. Diese Klauseln wurden schon im Jahr darauf wirksam. Die Mutter von Fürst Rainier, Charlotte, war 1898 aus einer Liaison des Fürsten Louis II. mit der algerischen Wäscherin Juliette Louvet hervorgegangen. Obwohl Louis II. seine unstandesgemäße Geliebte nie heiratete, legitimierte er sein ein-

Prinzessin Stephanie und Erbprinz Albert von Monaco.

ziges Kind 1919. 1920 wurde Charlotte in Absprache mit dem französischen Präsidenten mit dem französischen Grafen Pierre de Polignac verheiratet, um so die Erbfolge der nächsten Verwandten, der deutschen Herzöge von Urach, zu verhindern. Charlotte wurde zur Erbprinzessin erklärt, musste aber nach dem Zweiten Weltkrieg auf den Thron verzichten, da sie zu starke Sympathien für Mussolini gezeigt hatte. So übernahm Rainier den Thron direkt von seinem Großvater. 1956 heiratete er den Hollywood-Star Grace Kelly, die sich fortan Fürstin Gracia Patricia nannte. Zur Hochzeit erschienen Cary Grant, David Niven, Aristoteles Onassis, der Aga Khan und die Begum sowie Ex-König Faruk von Ägypten. Der europäische Hochadel hingegen glänzte durch Abwesenheit. Er hielt es für unter seiner Würde, dem Enkel einer algerischen Wäscherin und einer Schauspielerin die Ehre zu geben. Die Steueroase Monaco entwickelte sich in den folgenden Jahrzehnten immer mehr zum Tummelplatz der Schönen und Reichen und die Grimaldis sorgten als professionelle Medienstars für gesellschaftlichen Glanz. Auch der europäische Adel nahm sie in ihre Reihen auf: 26 Jahre nach ihrer Hochzeit waren bei der Beerdigung von Fürstin Gracia Patricia zahlreiche europäische Monarchen anwesend oder hatten hochrangige Vertreter geschickt – die Grimaldis waren durch ihren Erfolg und ihren Reichtum salonfähig geworden.

Prinzessin Caroline (geb. 1957) gilt als intelligentestes der drei Grimaldi-Kinder. Nach dem Unfalltod ihrer Mutter 1982 übernahm die damals 25jährige die Pflichten einer First Lady. Bereits 1978 hatte Prinzessin Caroline den Geschäftsmann Philippe Junot geheiratet. Zwei Jahre später wurde die Ehe geschieden. 1983 heiratete die Prinzessin ohne kirchlichen Segen den Mailänder Millionärssohn Stefano Casiraghi. Mit ihm hat sie drei Kinder, den Sohn Andrea (geb. 1984), die Tochter Charlotte (geb. 1986) und den Sohn Pierre (geb. 1987). Stefano Casiraghi starb 1990 bei einem Unfall während eines Bootsrennens im Alter von 30 Jahren. 1999 ging Prinzessin Caroline ihre dritte Ehe mit Prinz Ernst August von Hannover ein, mit dem sie eine Tochter, Alexandra, hat. Sie ist nun mit dem Chef des ältesten europäischen Fürstenhauses verheiratet und nennt sich offiziell Prinzessin Caroline von Hannover. Sie gilt als streitbare Kämpferin gegen Paparazzi. 2004 bescheinigte ihr der Europäische Gerichtshof in Straßburg, dass ihre Privatsphäre durch drei deutsche Illustrierte verletzt worden sei. Der Schutz des Privatlebens müsse hinter den kommerziellen Interessen der Medien zurückstehen, auch wenn es sich bei Prinzessin Caroline, wie es juristisch heißt, um eine »absolute Person der Zeitgeschichte« handelt.

Erbprinz Albert (geb. 1958) gilt trotz zahlreicher Affären, die ihm nachgesagt werden, als Heiratsmuffel. In Monaco hat er weitgehend die Amtsgeschäfte seines 81jährigen, kranken Vaters übernommen. Die jüngste Tochter, Prinzessin Stephanie (geb. 1965) gilt als schwarzes Schaf der Familie. Sie überlebte den Autounfall, bei dem ihre Mutter tödlich verunglückte. Lange kursierte das Gerücht, sie hätte selbst am Steuer des Wagens gesessen, obwohl sie damals noch gar keinen Führerschein besaß. Glücklos als Schlagersängerin und Ehefrau (ihre Ehe mit ihrem Leibwächter Daniel Ducruet hielt nur ein Jahr), gerät sie immer wieder durch ihren unkonventionellen Lebenswandel und kurzlebige Affären mit Body Guards und Zirkusartisten in die Schlagzeilen.

Politisch brisanter für das Überleben des Steuerparadieses sind die Spannungen mit dem großen Nachbarn Frankreich. Aus Paris kommen immer wieder öffentliche Anschuldigungen, das Fürstentum sei ein internationales Zentrum der Geldwäsche. Für Monaco hingegen ist die Kapitalkonzentration überlebenswichtig. Die Zukunft wird zeigen, ob es einen Ausgleich zwischen den Interessen des Zwergstaates und seiner »Schutzmacht« gaben kann.

Papst Paul VI. lässt sich nach seiner Krönung 1963 auf einem thronähnlichen Sessel unter einem Baldachin über den Petersplatz tragen.

Unter *www.monaco.mc/monaco/700ans* findet man Informationen über die 700 Jahre des Hauses Grimaldi in Monaco.

Der Vatikan

Der Kirchenstaat, seit den Lateranverträgen 1929 der kleinste souveräne Staat der Welt, ist in seiner Staatsform am ehesten als Wahlmonarchie zu bezeichnen, der Papst – zumindest in der Theorie – als eine Art absolutistischer Monarch. Nach dem Grundgesetz von 1929 ist er Inhaber aller Staatsgewalt. Durch die Ernennung der »Wahlmänner«, der Kardinäle, kann der Papst auch indirekt Einfluss auf seine Nachfolge nehmen. Allerdings gibt es in der Geschichte des Papsttums nur ganz wenige Fälle, in denen eine Familie mehr als einen Papst gestellt hat – und nie unmittelbar aufeinander folgend.

Die dreifache Papstkrone, die Tiara, ist nur mehr eine historische Insignie, die man in der Schatzkammer von St. Peter bewundern kann, denn eine Krönung findet seit Papst Johannes XXIII. nicht mehr statt. Wohl aber bekrönt die päpstliche Tiara noch immer das Staatswappen. Johannes XXIII. und Paul VI. haben bis 1971 die verschiedenen päpstlichen Ehrengarden bis auf die 100 Mann starke Schweizergarde abgeschafft und den päpstlichen Hofstaat drastisch verkleinert. Johannes Paul II. hat auf weitere monarchische Attribute verzichtet. Noch Paul VI. ließ sich wie ein orientalischer Potentat auf einem rotgoldenen Thron tragen, der von Lakaien mit Straußenfederwedeln umgeben war.

Seit dem Mittelalter, in dem die hohen kirchlichen Ämter vom Adel dominiert waren, war der Papstthron von Mitgliedern zumeist des italienischen Adels besetzt, darunter Vertreter der Familien Medici, Farnese, Colonna, Doria-Pamphili, Aldobrandini und Borghese.

Vom Rang her sahen sich die Päpste mit dem abendländischen Kaisertum auf einer Stufe. Der Investiturstreit des 10./11. Jahrhunderts um die Frage, wem das Recht oblag, Bischöfe einzusetzen, war in Wahrheit ein grundsätzlicher Machtkampf zwischen Kaiser und Papst. Die Päpste herrschten im Kirchenstaat, der damals ganz Mittelitalien umschloss, als absolutistische Herrscher. Sie erhoben Günstlinge in den Adelsstand und protegierten Familienmitglieder, die berühmten »nepoti«, die nicht nur prachtvolle Paläste und Sommervillen erbauten, sondern teilweise sogar eigene souveräne Fürstentümer erhielten.

So wie in den europäischen Staaten die politische Macht im späten 18. und 19. Jahrhundert allmählich oder abrupt in die Hände des Bürgertums überging, so verlor auch das Papsttum seinen adligen Charakter. In der päpstlichen Kurie bis hin zum Kardinalsrang nahm der italienische und besonders der stadtrömische Adel noch länger wichtige Positionen ein. Nachdem Johannes Paul II., der erste nicht italienische Papst seit fast 500 Jahren, die römische Kurie auf ein breiteres, weltumfassendes Fundament gestellt hat, spielt der Adel außer bei einigen päpstlichen Ehrenämtern keine Rolle mehr. Adelserhebungen durch den Papst werden schon seit 1968 nicht mehr vorgenommen.

Mit der Schweizergarde unterhält der Vatikan eine, wenn auch winzige, eigene Streitmacht.

Hyacinthe Rigaud, Bildnis Ludwig XIV., 1701. Der »Sonnenkönig« ist die Symbolfigur des Absolutismus, der in ganz Europa seine Anhänger fand.

Frankreich

Der französische Adel und besonders das französische Königtum hatten über Jahrhunderte stilbildende Funktion für die gesamte europäische Adelskultur. Das gilt für das mittelalterliche französische Rittertum ebenso wie für den politischen Absolutismus des »Sonnenkönigs« Ludwigs XIV. (1638–1715), dessen Wirtschaftssystem, der Merkantilismus, und dessen glanzvolle Bühne, das Schloss von Versailles, überall in Europa kopiert wurden. Gestützt auf die politischen Erfolge der Kardinäle Richelieu und Mazarin, gelang es Ludwigs XIV., eine ganz auf seine Person ausgerichtete Herrschaft zu entfalten, und damit den politisch widerstrebenden Hochadel an den Hof zu binden und zu überwachen. Schloss Versailles ist der größte jemals errichtete Herrschersitz Europas. Sein Stil wurde maßgebend für viele europäische Schlossbauten. Frankreichs höfische Kultur hatte auch noch im 18. und 19. Jahrhundert Vorbildcharakter, seine Mode und seine Luxusprodukte waren an allen Höfen begehrt.

Andererseits ist Frankreich auch das Land der Französischen Revolution von 1789, in deren Verlauf König Ludwig XVI. (1754–1793) und Königin Marie Antoinette hingerichtet wurden. Interessanterweise waren viele führende Vertreter der französischen Aufklärung, welche die Privilegien des Adels vor 1789 kritisierten, selbst Adlige. Die revolutionären Ideen von »Freiheit, Gleichheit und Brüderlichkeit« und der Gedanke der Volkssouveränität haben ideengeschichtlich wesentlich zum Untergang des Adels als politisch führende Klasse in Europa beigetragen. Ludwig XVI. war zwar nicht der erste europäische Monarch der Neuzeit, der auf dem Schafott endete (Karl I. von England starb schon 1649 unter dem Beil des Henkers) und der Adel hat überall in Europa im 19. und teilweise noch im frühen 20. Jahrhundert ein zähes Rückzugsgefecht um das politische und kulturelle »Oben bleiben« geführt. Doch letztlich geriet das aristokratische Herrschaftssystem 1789 in eine Legitimationskrise, von der es sich nie wieder erholen sollte.

Als erster König Frankreichs gilt Hugo Capet »der mit der Kapuze«), der 987 zum König gewählt wurde. Französische Mediävisten haben dessen Ahnenreihe etwas bruchstückhaft bis in die Zeit der Merowinger in das Jahr 630 zurückverfolgen können. Nach Hugo Capet ließen die Könige in ununterbrochener Folge ihre ältesten Söhne schon zu Lebzeiten wählen und krönen, bis Ludwig VIII. um 1223 die Erblichkeit der Krone durchsetzte. Seither führten nur die Kinder des Königs den Namen »von Frankreich«, während die Nachkommen der jüngeren Söhne die Namen ihrer Apanagen annahmen (Anjou, Burgund, Bretagne, Orléans usw.). Die Könige wurden in der Kathedrale von Reims gekrönt und in der Abteikirche St. Denis bei Paris bestattet.

Während Paris schon im hohen Mittelalter bevorzugter Aufenthaltsort der Könige war, verlegten die Monarchen, bedingt durch den Hundertjährigen Krieg gegen England, ihren Herrschaftssitz für 200 Jahre an die Loire. Die Loireschlösser des 15. und 16. Jahrhunderts sind zusammengenommen wohl der schönste architektonische Ausdruck des französischen Königtums. 1328 folgte auf die ausgestorbene direkte Linie der Kapetinger die Seitenlinie Valois, 1589 dann mit Heinrich IV. die ebenfalls von den Kapetingern abstammende, mit den ausgestorbenen Valois weitläufig

Schloss Chambord im Tal der Loire – eine Synthese aus mittelalterlichem Festungsbau und luxuriösem Landschloss, erbaut 1519–1559.

verwandte Linie Bourbon. Die Bourbonen regierten Frankreich von 1589 bis 1793 und dann noch einmal nach dem Sturz Napoleons I. von 1814/15 bis 1830. Nach der Revolution 1830 regierte bis 1848 der »Bürgerkönig« Louis Philippe aus der Seitenlinie Bourbon-Orléans. Seit dem Ende des Kaisertums Napoleons III. 1870 ist Frankreich Republik.

Napoleon I., der sich 1804 in Notre-Dame in Paris zum Kaiser der Franzosen gekrönt hatte, schuf aus den Resten des alten Adels, der die Revolution überlebt hatten, und seinen eigenen Gefolgsleuten einen Neuadel. Die von Napoleon I. verliehenen Titel wurden nach der bourbonischen Restauration weitgehend anerkannt. In der II. Republik von 1848 bis 1852 wurden sämtliche Adelstitel wie 1789 wieder abgeschafft, in der III. Republik ab 1870 war das Tragen der Adelstitel erlaubt. Noch bis gegen 1900 war der Adel in Paris gesellschaftlich und politisch tonangebend. Nach 1870 waren Frankreichs Monarchisten in drei Lager gespalten: Die Legitimisten, welche die bis 1830 regierende älteste Linie der Bourbonen unterstützten (die allerdings bereits 1883 ausstarb), die Orléanisten, Anhänger der Nachkommen des »Bürgerkönigs«, und die Bonapartisten, die das Kaisertum des Hauses Bonaparte zurücksehnten.

Heutiger Chef des Hauses Frankreich ist seit dem Tod seines Vaters 1999 Heinrich (Henri) Graf von Paris, Herzog von Frankreich (geb. 1933, Anrede: Königliche Hoheit). Er entstammt der Linie Orléans. In Belgien geboren, kam er 1948 nach Frankreich, studierte Politische Wissenschaften in Paris und diente während des Algerienkrieges in der französischen Armee. Wäre er König, so hieße er Heinrich VII. Eine Minderheit französischer Monarchisten hält jedoch den 1974 geborenen Prinzen Ludwig von Bourbon, Herzog von Anjou, für den rechtmäßigen Chef des Hauses Bourbon. Als König wäre er Ludwig XX. Chef des Hauses Bonaparte ist Prinz Jean-Christophe Napoleon (geb. 1986, Anrede: Kaiserliche Hoheit). Ginge es nach den Bonapartisten, wäre er Kaiser Napoleon VI.

Französische Monarchisten sind ein sektiererisches Trüppchen und unter sich wüst zerstritten, doch spielt der französische Adel innerhalb der Republik noch immer eine gewisse Rolle und genießt hohes gesellschaftliches Prestige. Anders als in Deutschland hat sich eine beträchtliche Zahl von französischen Adligen in den Naturwissenschaften hervorgetan. Auf dem Lande sind trotz aller Revolutionen noch immer zahlreiche Schlösser in Adelsbesitz, viele von ihnen leider nicht öffentlich zugänglich.

Polen

Anders als in Bulgarien, Rumänien, Ex-Jugoslawien oder Russland gibt es im heutigen Polen keine Königsfamilie, die Ansprüche auf den Thron erheben könnte. Das liegt daran, dass Polen eine Wahlmonarchie war, das heißt, dass es kein Königshaus gab, das auf Grund des Erbrechtes thronfolgeberechtigt war. In Polen wurden die Könige vom gesamten Adel, der Szlachta, gewählt, wenngleich es im Mittelalter auch lange Perioden gab, in denen nacheinander Könige derselben Dynastien (Piasten und Jagiellonen) herrschten. Die Zahl der wahlberechtigten Adligen war so hoch, dass die Königswahl unter freiem Himmel stattfinden musste. Oft kam es dabei zu Tumulten, da bei mehreren tausend Wählern eine exakte Stimmenauszählung unmöglich war.

Wie überall in Wahlmonarchien neigten die Wähler dazu, einem schwachen Kandidaten den Vorzug zu geben, um in den eigenen Machtbefugnissen nicht eingeschränkt zu werden (ein ähnliches Phänomen kann man in Deutschland im Mittelalter beobachten, wo die wahlberechtigten Fürsten dem Kaiser immer mehr Macht abtrotzten). In Polen führte das dazu, dass oft ausländische Fürsten, etwa aus Schweden, Frankreich oder Deutschland, gewählt wurden, von denen der Adel annahm, dass sie keine starke Stellung im Land erringen würden. Doch die Schwächung der Zentralgewalt führte zu einer Schwächung des polnischen Staatswesens, das im 18. Jahrhundert Opfer seiner expandie-

Die polnische Königskrone, angefertigt für August III. (1733–1763).

Der Saal der Gesandten im Königsschloss auf dem Wawel in Krakau.

renden Nachbarn wurde. Ab 1772 wurden Gebiete Polens in drei Teilungen unter die Großmächte Russland, Preußen und Österreich aufgeteilt. 1795 verschwand das Land dann bis 1918 völlig von der politischen Landkarte Europas, der letzte König musste abdanken.

Im Mittelalter war Polen, seit 1386 mit dem Großfürstentum Litauen in Personalunion verbunden, zeitweilig das größte Königreich Europas. Davon künden die Königsgräber in der Kathedrale auf dem Krakauer Wawel, die so prächtig sind wie die der französischen Könige in St. Denis oder der englischen in Westminster Abbey. Das benachbarte Königsschloss zählt zu den schönsten Residenzen Europas. Unter König Sigismund Vasa wurde die Hauptstadt nach Norden, nach Warschau verlegt. Der Schwede Sigismund machte sich Hoffnung auf die schwedische Thronfolge und wollte seiner Heimat näher sein. In Warschau zeugen das nach Zerstörung durch die Nazis ab 1971 rekonstruierte Königsschloss, die barocke Sommerresidenz Wilanow des Türkensiegers König Johann III. Sobieski (das »polnische Versailles«) und das elegante »Palais auf dem Wasser« des letzten Polenkönigs Stanislaus II. August vom Repräsentationsbedürfnis der Könige. Wenige bauliche Zeugnisse erinnern dagegen an die beiden Kurfürsten von Sachsen, August den Starken und August III., die zugleich Könige von Polen waren.

Der Sarkophag von König Wladyslaw Warnenczyk in der Krakauer Kathedrale.

Aus der Masse der polnischen Kleinadligen ragen einige Adelsfamilien hervor, deren sagenhafter Reichtum in ganz Europa berühmt war. Dazu zählen die Familien Czartoryski, Lubomirski, Potocki, Poniatowski, Radziwill, Branicki, Zamoyski und Sapieha. Ihre Grafen- und Fürstentitel waren ihnen von ausländischen Monarchen (Russland, Preußen, Österreich und anderen) verliehen worden, denn innerhalb der polnischen Szlachta gab es keine Rangordnung des Adels. Einige dieser Magnaten lebten im 19. Jahrhundert im Exil, besonders in Paris, um von hier aus den Gedanken an einen unabhängigen polnischen Nationalstaat wach zu halten.

Als Polen 1918 als Republik wiedererstand, bedeutete das für die Aristokratie einen schweren Schlag. Die neue Regierung führte Landreformen durch, welche die angeschlagene agrarische Wirtschaftsgrundlage der großen Familien weiter beschnitt. Da Polen mehr als jedes andere Land Europas im Zweiten Weltkrieg gelitten hat, sind auch viele der alten Landsitze zerstört worden. Als schönster Adelssitz des Landes gilt das Schloss Lancut der Grafen Potocki in Südpolen, das schon 1925 zum Nationaldenkmal erklärt worden war. Während des Krieges flohen viele Adlige vor den Nazis und den Sowjets. Diejenigen, die blieben, wurden zumeist von den deutschen und russischen Besatzern ermordet. Auch im kommunistisch regierten Polen gab es für den Adel keinen Platz. Wer im Kommunismus im Lande blieb, lebte auf sehr bescheidenem Niveau. Bis zum Ende des Kommunismus residierte in London eine von Adligen dominierte polnische Exilregierung, die aber von keinem Staat anerkannt war, und die im Laufe der Jahrzehnte zunehmend operettenhafte Züge annahm: Ein Hauch des alten Europas mit Handküssen und phantasievollen Uniformen, der überall sonst längst verweht war.

Nach den Umwälzungen des 20. Jahrhunderts spielt der Adel im demokratischen Polen heute keine Rolle mehr. Viele der bedeutendsten Familien hat die wechselvolle Geschichte Polens ins Ausland verschlagen, etwa in die USA oder nach Kanada, England und Frankreich.

Das Baltikum

Bis zum Beginn des Zweiten Weltkrieg besaßen die baltischen Staaten Estland und Lettland einen ahnenstolzen und vitalen Landadel. Ab etwa 1200 als Ritter des Deutschen Ordens ins Land gekommen, hatten sie die einheimische Bevölkerung unterworfen oder an den Rand gedrängt. Andere waren später, vor allem aus Westfalen, nachgezogen. Sie besaßen große Güter und konnten ihre deutsche Kultur und Lebensweise bis zu ihrer Umsiedlung im Zuge des Hitler-Stalin Paktes 1939/1940 erhalten. Wie die meisten ethnischen Minderheiten hatten sie ein ausgeprägtes Heimatbewusstsein.

Viele Familien stellten sich im 18. und 19. Jahrhundert in den Dienst des russischen Zarenhauses, das die Herrschaft über die baltischen Gebiete gewonnen hatte. Am Zarenhof waren die baltischen Adligen beliebter als die russischen oder gar die polnischen, die wegen ihres starken Nationalbewusst-seins antizaristischer Umtriebe verdächtigt wurden. Während der russischen Oktoberrevolution 1917 gerieten viele deutschbaltische Adlige in bolschewistische Gefangenschaft. Lenin hatte jedoch ein vitales Interesse daran, sie am Leben zu lassen, um die Friedensverhandlungen mit Deutschland nicht zu gefährden.

Seit der Gründung der baltischen Staaten 1920 war der deutschbaltische Adel politisch entmachtet. Viele, die nicht an die Zukunft ihrer Familie im Land glaubten, wanderten bereits in den 20er und 30er Jahren nach Deutschland aus. Der baltische Adel hat im auffälligen Gegensatz zum deutschen Adel eine größere Zahl an Intellektuellen hervorgebracht, die oft an der Landesuniversität von Estland, Dorpat (heute Tartu), ausgebildet worden waren. Umgekehrt erhoben die Zaren im 19. Jahrhundert auch deutsche Pfarrer und Ärzte in den Adelsstand, um sie an die russische Krone zu binden.

Seit 1949 besteht in der Bundesrepublik der »Verband der baltischen Ritterschaften von Livland, Estland, Kurland und Oesel«. Eine Besonderheit des baltischen Adels ist, dass er den »Baron« nicht nur als höfliche Anrede für Freiherren, sondern, einem Gesetz Katharinas II. entsprechend, auch als Titel kennt. Leider hört man den schönen Tonfall und den besonderen Humor deutschbaltischer Adliger immer seltener, da die alte Generation im Aussterben begriffen ist und die Nachgeborenen sich in Deutschland völlig assimiliert haben. Die nach dem Zerfall der Sowjetunion wiedererstandenen Staaten Estland und Lettland nehmen sich zögernd dem kulturellen Erbe der deutschbaltischen Adelskultur an.

Russland

Die tragische Geschichte von Leben und Sterben der letzten Zarenfamilie ist hundertfach erzählt worden: Vom wohlmeinenden, aber schwachen und weltfremden Zaren Nikolaus II., von der psychisch labilen und bigotten Zarin Alexandra, vom bluterkranken Zarewitsch, vom diabolischen Wanderprediger Rasputin, dem die Zarin ergeben war, weil sie hoffte, er könne ihrem kranken Sohn helfen, vom unsäglichen Elend der russischen Bevölkerung, vom Reichtum und der Dekadenz der Aristokratie, von der Ermordung des abgesetzten Zaren und seiner Familie am 16. Juli 1918 in Jekaterinburg und schließlich von der angeblichen jüngsten Zarentochter Anastasia, die nach eigenen Angaben das Massaker überlebt hatte, sich aber als Hochstaplerin entpuppte.

Der letzte Zar, Nikolaus II., und seine Gemahlin, kostümiert für einen Hofball, 1903.

Nikolaus II. hatte nach seiner Abdankung 1917 beabsichtigt, ins Exil nach England zu gehen und wurde darin auch von der provisorischen Regierung bestärkt. Sein englischer Vetter König Georg V. (dem er übrigens wie aus dem Gesicht geschnitten ähnelte) weigerte sich aber, der Familie Asyl zu gewähren, da Nikolaus in England als Schlächter galt, der mehrfach auf sein eigenes Volk hatte schießen lassen, und Georg V. bei fortdauerndem Krieg um seinen eigenen Thron fürchtete. Inzwischen sind viele grausige Details der Ermordung der Zarenfamilie bekannt, doch weiß man trotz Öffnung der Archive bis heute nicht, ob Lenin selbst oder örtliche Bolschewisten den Befehl dazu erteilten.

Nach dem Ende des Kommunismus wurde die alte Zarenresidenz von Leningrad in St. Petersburg rückbenannt und der zaristische Doppeladler ziert wieder das russische Staatswappen. 1998, auf den Tag genau 80 Jahre nach ihrer Ermordung, wurden die sterblichen Überreste von Nikolaus II. und seiner Familie in die Peter-und-Pauls-Kathedrale nach St. Petersburg überführt. Nikolaus II. war bereits 1981 von den russisch-orthodoxen Kirchen im Ausland heilig gesprochen worden. Dies war damals eine bewusste Provokation gegen die Sowjetregierung. Obwohl Nikolaus II. selbst bei wohlwollender Beurteilung seines Lebens kaum die Kriterien erfüllt, die zur Kanonisierung notwendig sind, gab die Bischofsvollversammlung der Russisch-Orthodoxen Kirche dem Druck der gläubigen Bevölkerung nach und sprach ihn und seine Familien im Jahre 2000 heilig. Die offizielle Revision des Geschichtsbildes durch die russische Kirche und durch den russischen Staat hat jedoch den Monarchisten keinen Auftrieb gegeben. Der Durchschnittsrusse hat andere Sorgen, als sich die Wiederkunft zaristischen Glanzes zu erträumen.

Neben der engeren Familie ließen die Bolschewisten 1918 weitere Mitglieder des Hauses Romanow ermorden, darunter den Bruder des Zaren und die Schwester der Zarin, Ella, die nach der Ermordung ihres Mannes Nonne geworden war und auf besonders bestialische Weise umgebracht wurde. Der dänischen Mutter des Zaren, Kaiserin Dagmar (orthodox: Marie), gelang die Flucht über die Krim und das Schwarze Meer. Sie starb 1928 und wurde im Dom zu Roskilde, der Grabstätte des dänischen Königshauses, beigesetzt. Ihre Überführung nach Petersburg steht kurz bevor. Dem

Sankt Petersburg, die Gründung Zar Peters des Großen, avancierte rasch zum »Venedig des Nordens«.

Großfürsten Kirill, einem Vetter des Zaren, gelang mit seiner Familie die Flucht nach Finnland. Als nächster Verwandter des ermordeten Zaren wurde er Chef des Hauses Romanow. Sein Sohn Großfürst Wladimir, der in Coburg und dem französischen St. Briac aufwuchs, folgte seinem Vater 1938 in dieser Position nach. Nach dem Ende des Kommunismus kehrte er 1991 nach Petersburg zurück, das damals noch Leningrad hieß, und wurde von der Bevölkerung freundlich empfangen. Die russischen Monarchisten nannten ihn »Zar Wladimir.« Er starb im Jahr 1992 in Miami in Florida. Auf Geheiß des russischen Präsidenten Jelzin wurde er mit einer Totenfeier in der Petersburger St. Isaak-Kathedrale geehrt. Aus Großfürst Wladimirs Ehe mit der georgischen Prinzessin Leonida Bagration-Muchrani ging eine Tochter, Großfürstin Maria Wladimirowna hervor (geb. 1953 in Madrid), die seit 1992 Oberhaupt der Familie Romanow ist. Ihr Sohn Großfürst Georg (geb. 1981 in Madrid) stammt aus ihrer Ehe mit Prinz Franz Wilhelm von Preußen, die 1986 geschieden wurde.

In Petersburg und Moskau leben überraschenderweise noch etliche Angehörige der großen russischen Adelsfamilien, die 70 Jahre kommunistische Verfolgung überlebt haben. Auffällig viele sind Intellektuelle oder Künstler, fast alle leben in bescheidenen Verhältnissen. In ihrer melancholisch-vornehmen Art bilden sie einen mentalen Kontrast zur zeitgenössischen Führungsschicht neureicher Russen, denen der Turbokapitalismus zu sagenhaftem Reichtum verholfen hat.

Carl Fabergé war Hofjuwelier in Sankt Petersburg. Dieses kostbare Ei mit Maiglöckchendekor verehrte Nikolaus II. 1898 Zarin Alexandra.

Die Porträts von dreizehn Kaisern aus dem Hause Habsburg zeigt diese Schale aus dem 17. Jahrhundert.

Österreich, Tschechien und Ungarn

Von 1526 bis 1918 waren Österreich, Böhmen und Mähren (das heutige Tschechien) und Ungarn Teile des Habsburgerreiches. Während dieser 400 Jahre haben die Mitglieder des Hochadels, zumeist treue Gefolgsgänger der regierenden Kaiser, die zugleich Erzherzöge von Österreich sowie Könige von Ungarn und Böhmen waren, in diesen Ländern Mitteleuropas eine einheitliche, grenzüberschreitende Kultur entfalten können, die bis heute nachwirkt. Der Hochadel in der Donaumonarchie dachte nicht in engen nationalstaatlichen Kategorien. Das lag schon daran, dass viele Familien in mehreren Teilen der Monarchie über Besitztümer verfügten und Heiraten zwischen österreichischen und böhmischen oder ungarischen Familien keine Seltenheit darstellten.

Der Hochadel der Donaumonarchie bewohnte eindrucksvolle Stadtpaläste in Wien und Prag, zum Teil auch in Budapest, Pressburg (heute Bratislava) und Brünn, doch als sein eigentliches Zuhause sah er meist sein Schloss auf dem Lande an. Darin ähnelte er dem englischen Adel und unterschied sich vom städtischen Adel Italiens oder dem an den Hof gebundenen Adel Frankreichs. Die größten Adelssitze findet man nicht in Österreich, wo neben dem Kaiserhaus die großen Klöster über den meisten Landbesitz verfügten, und auch nicht in Ungarn, das lange Zeit von den Türken besetzt oder bedroht war, sondern in Böhmen und Mähren. Das hatte historische Ursachen: 1618 probten die böhmischen Stände mit dem Prager Fenstersturz den Aufstand gegen die Habsburger. Dieser wurde in der Schlacht am Weißen Berge blutig niedergeschlagen, der Landbesitz der Rebellen eingezogen und an Parteigänger der Habsburger verteilt. Die neuen Herren errichteten zum Zeichen ihrer Macht Schlösser auf ihren Latifundien, die den Vergleich mit denen deutscher Reichsfürsten nicht zu scheuen brauchen. Dadurch gehören Böhmen und Mähren, die Kernländer der Republik Tschechien, heute zu den dichtesten Kulturlandschaften Europas.

Im 19. Jahrhundert betätigten sich einige Adelshäuser an industriellen Unternehmungen. Was aber ihren Standesdünkel anging, so ließen sich die österreichischen Aristokraten von niemandem in Europa übertreffen. »Der Mensch fängt erst beim Baron an«, ein geflügeltes Wort eines adligen Snobs, das von vielen Standesgenossen geteilt wurde. Mit dem Ende der Monarchie 1918 verlor der Adel der k.u.k. Monarchie zwar seine gesellschaftlichen Privilegien, doch kam er wirtschaftlich mit einem blauen Auge davon. Bis heute sind etwa die Hälfte der rund tausend Schlösser und Burgen in Österreich in adligem Privatbesitz. Die kunsthistorisch bedeutenden kann man besichtigen. Auch verfügen österreichische Adelsfamilien bis heute über umfangreichen Forstbesitz im Land. Die Jagd spielt als gesellschaftliches Ereignis eine mindestens ebenso große Rolle wie in Deutschland.

Innsbruck, Schloss Ambras, Spanischer Saal

Die österreichische Verfassung hat 1919 rigoros alle Adelstitel und Adelsprädikate abgeschafft, anders als in Deutschland sind diese nicht mehr Namensbestandteil. Dies hat die standesstolzen österreichischen Adligen schwer gekränkt. Jahrzehntelang sprachen sie von »Diskriminierung« und »Verfolgung« Inzwischen hat sich der Adel mit der Republik ausgesöhnt. Die adelsfeindliche Haltung der SPÖ endete mit Bundeskanzler Bruno Kreisky in den siebziger Jahren, der sich beruflich gern mit Adligen umgab.

Kaiserin Elisabeth, genannt Sisi.

In Wien spielt der Adel bis heute eine gewisse gesellschaftliche Rolle, stärker als etwa in München oder gar in Berlin. Auch die »abgeschafften« Adelstitel werden in Zeitungen und im Fernsehen häufig wieder verwendet, in den Printmedien wird der Titel oft in Klammern dem Namen zugefügt. Und Wien wäre nicht Wien, wüsste man in der Gesellschaft nicht ganz genau, wer eine Gräfin oder wer ein Fürst ist. Die Adelspaläste

Das obere Belvedere in Wien, erbaut von Johann Lucas von Hildebrandt für Prinz Eugen, den Türkenbezwinger.

sind im Stadtbild präsent, wenn auch nur die allerwenigsten heute noch im Besitz der Adelsfamilien sind, die sie erbauen ließen. Dazu zählen das Schwarzenbergpalais, das heute ein Luxushotel, aber auch die Wohnung des umtriebigen Fürsten Schwarzenberg enthält, und die beiden Palais des Fürsten von Liechtenstein.

Der Wladislawsaal im Prager Hradschin, um 1454–1543, diente unter anderem ritterlichen Schauturnieren. Der Baumeister war Benedikt Ried.

Tschechien ist das einzige Land des früheren Warschauer Paktes, das nach dem Ende des Kommunismus im großen Stil Schlösser an ihre früheren adligen Besitzer zurückgegeben hat. Allerdings erhielten nur diejenigen Adelsfamilien ihren Besitz zurück, die nicht 1945, sondern erst 1948 enteignet worden waren. Das bedeutet, dass nur Familien, die nach dem Zweiten Weltkrieg nicht als Deutsche, sondern als Tschechen betrachtet wurden, Anspruch auf Rückerstattung ihres Besitzes haben. Inzwischen sind an die 200 Schlösser und Herrensitze an die ursprünglichen Besitzer zurückgegeben. Obwohl einige Restitutionsverfahren noch nicht abgeschlossen sind, leben heute wieder viele Adelsfamilien in und mit

ihren alten Herrschaftssitzen, darunter die beiden Linien der Familie Lobkowicz, die Familien Schwarzenberg, Kinsky, Sternberg, Kolowrat, Colloredo-Mansfeld, Mensdorff-Pouilly, Barton und viele andere. Eine Reise wert ist das Schloss Castolovice der Gräfin Diana Sternberg in Ostböhmen. Sie lebte als erfolgreiche Innenarchitektin 30 Jahre in London und erhielt ihr Schloss 1992 zurück, das sie seither mit sicherem Geschmack neu eingerichtet hat.

Der Adel in **Ungarn** hatte 1222 in der »Goldenen Bulle« des Königs Andreas II. weitreichende Privilegien erhalten. Ähnlich wie in Polen fühlte er sich als alleiniger Repräsentant der Nation. Bis zur Thronbesteigung der Habsburger 1526 bestanden wie in Polen keine Rangunterschiede innerhalb des ungarischen Adels. Erst die erblichen Titelverleihungen der folgenden Zeit spalteten den Adel in den katholischen, habsburgtreuen Hochadel, die Magnaten, und in den meist kalvinistischen, oft habsburgkritischen Kleinadel. Die Magnaten wurden zu Fürsten und Grafen erhoben, der Kleinadel führte nicht einmal ein Adelsprädikat, war also vom Namen her nicht von Nichtadligen zu unterscheiden.

Da der ungarische König als Kaiser in Wien residierte, gab es in Ungarn keinen Hof. Selbst die Staatsverwaltung, die Ungarische Hofkanzlei, war wegen der Türkengefahr lange Zeit in Wien ansässig. Das führte dazu, dass die reichsten Adelsfamilien, wie die Esterházy oder die Pálffy, Adelspalais in Wien unterhielten. Erst mit der Trennung der beiden Reichshälften 1867 wurde auch Budapest wieder ein politisches Zentrum. Die großen gesellschaftlichen Ereignisse wie die Jagden fanden aber auf den Landgütern statt. Auch die österreichische Kaiserin Elisabeth, die begeisterte Reiterin war, war gern bei den Magnaten zu Gast. Die politische Vertretung der Magnaten war bis 1918 das Herrenhaus, die sogenannte Magnatentafel, die etwa 250 Mitglieder hatte. Nach dem Ende der Monarchie folgte in Ungarn das kurze Intermezzo einer Räterepublik unter Béla Khun, welche die Latifundien der Magnaten

Die ungarische Stephanskrone ziert heute das Staatswappen.

zu Staatsbesitz erklärte. Doch nach nur wenigen Monaten stürzte sie Admiral Nikolaus Horthy, der zum Reichsverweser gewählt wurde. Im selben Jahr erklärte die neue Nationalversammlung Ungarn wieder zur Monarchie, was es offiziell bis 1945 blieb. Zwei Versuche Kaiser Karls, als König von Ungarn zurückzukehren, schlugen jedoch fehl – nicht zuletzt, weil sie von Horthy nicht unterstützt wurden. 1925 wurde die Magnatentafel wiederbelebt, der Hochadel lebte weiter auf seinen Latifundien wie in Miniaturkönigreichen.

Nach der kommunistischen Machtübernahme 1945 flohen viele Adlige ins Ausland, andere wurden zur »Umerziehung« in Lager gesteckt. Ein weiterer Exodus fand nach dem missglückten Ungarnaufstand 1956 statt. 15 Jahre nach dem Ende des Kommunismus sieht es in Ungarn ähnlich wie in den meisten anderen Staaten des früheren Warschauer Paktes aus. Die altehrwürdige Stephanskrone, die nach dem Krieg in Fort Knox gelagert hatte und bereits 1978 von den USA an die Regierung Ungarns gegeben worden war, ziert in ihrer heraldischen Form wieder das Staatswappen, Mitglieder des früheren Herrscherhauses, allen voran Otto von Habsburg, der Sohn des letzten Königs, kamen zu Besuch oder ließen sich wie sein jüngerer Sohn Georg gar in Budapest nieder, um die ungarische Regierung zu beraten. Vertreter der Familie Esterházy wurden als Fußballspieler oder Schriftsteller gefeiert, doch eine kulturelle Renaissance des Adels hat es in Ungarn nicht mehr gegeben.

Italien

Wie Deutschland wurde Italien erst im 19. Jahrhundert zu einem Nationalstaat geeint. Zuvor gab es auf dem italienischen Stiefel über Jahrhunderte fünf große Territorien, das Herzogtum Mailand und die Adelsrepublik Venedig im Norden, das Großherzogtum Toskana und den römischen Kirchenstaat in der Mitte sowie das von Neapel aus regierte Königreich beider Sizilien im Süden. Daneben bestanden eine Anzahl von Stadtrepubliken und Fürstentümern, die zwischen diesen Mäch-

Andrea Mantegna,
Der Herzog von Mantua
und seine Gemahlin
mit ihrem Hofstaat,
Fresko im Castello di
San Giorgio, Mantua

ten lagen. Auch die kleineren Fürstentümer unterhielten in der Renaissance großartige Höfe, von denen noch heute Bauwerke und Kunstschätze künden. In Verona regierten die della Scala, in Mantua die Herzöge von Gonzaga, in Ferrara und Modena die Este, in Parma und Piacenza die Farnese, in Urbino die Grafen von Montefeltro.

Ab etwa 1700 stieg das im Nordwesten Italiens gelegene Savoyen-Piemont mit seiner Hauptstadt Turin und einer effizienten Armee und Verwaltung zu einer eigenständigen Macht auf, von der in der Mitte des 19. Jahrhunderts auch die Einigung zum Königreich Italien ausging. Man hat Savoyen das »Preußen Italiens« genannt. Der Einigungsprozess war 1871 abgeschlossen, das Königreich hatte bis 1946 Bestand, als sich die Italiener in einer Volksabstimmung mehrheitlich für die Einführung der Republik aussprachen. Hauptgrund für das Votum gegen die Monarchie war die Verstrickung des Hauses Savoyen in den faschistischen Staat Mussolinis. Die Königsfamilie musste ins Exil in die Schweiz gehen. Sie kam gelegentlich in die Schlagzeilen, weil Familienmitglieder aus Protest gegen das fortdauernde Einreiseverbot illegal nach Italien einreisten. 2002 wurde das Einreiseverbot aufgehoben, 2003 besuchte Viktor Emanuel, der Sohn des letzten Königs (geb. 1937), Neapel, wo er 66 Jahre zuvor zur Welt gekommen worden war. Doch die Sehnsucht der Italiener nach ihrer früheren Königsfamilie hielt sich in Grenzen. Regierungschef Berlusconi hatte zuvor die Forderungen der Savoyer nach einer standesgemäßen

Ihre italienischen Pässe zeigen Vittorio Emanuele, letzter Kronprinz von Italien, und sein Sohn Emanuele Filiberto.

Residenz, einer Leibwache und nach Rückgabe von Vermögen abgelehnt.

Die Verfassung der Republik Italien von 1948 schaffte die Adelstitel offiziell ab, doch sind die Träger adliger Titel berechtigt, sie ähnlich wie in Deutschland als Namensbestandteil zu führen. Der letzte König Umberto II. (1904–1983) erhob noch im Genfer Exil etwa 250 Personen in den Adelsstand. Auch Viktor Emanuel, Nachfolger seines Vaters als Chef des Hauses Savoyen, hat die Verleihungspraxis seines Vaters fortgesetzt. Böse Zungen sagen, er habe einen schwungvollen Handel mit der Eitelkeit einiger Landsleute betrieben, die sich die klingenden Titel einiges haben kosten lassen.

Viele der mächtigen Adelsgeschlechter, auf deren Spuren sich der kunstsinnige Italientourist bewegt, sind wie die Medici in Florenz bereits seit Jahrhunderten ausgestorben. In der italienischen Hauptstadt leben aber noch viele stadtrömische Adelsfamilien, einige davon wie die Fürsten Borghese oder Aldobrandini auf ziemlich großem Fuß. Rom gehört zu den europäischen Hauptstädten, in denen der Adel noch eine gewisse gesellschaftliche Rolle spielt, obwohl Italien seit fast 60 Jahren Republik ist. Grund für Reichtum und gesellschaftliches Ansehen dieser Familien ist das Papsttum der Renaissance und des Barock. Ein jeder Papst versorgte seine Familie, die »Nepoti«, von denen der Begriff Nepotismus herrührt. Zeugnis dafür sind heute noch die Sammlungen der Fürsten Pallavicini-Rospiglioso, Doria-Pamphili und Colonna in geradezu königlichen Palästen. Ähnlich wie in Rom leben auch noch in Venedig, in geringerem Maße auch in Mailand, Florenz, Neapel und Palermo alte Adelsgeschlechter. Sizilien hatte einen sehr stolzen Adel, dessen untergegangene Lebenswelt Giuseppe Tommasi di Lampedusa in seinem Roman »Der Leopard« (1958) eindrucksvoll beschreibt.

Südosteuropa

Der letzte Zar von **Bulgarien**, Simeon II., ist der einzige europäische Monarch, der in einer demokratischen Wahl die politische Macht in seinem Land wiedererlangte. Ein ähnliches Phänomen gab es bisher nur in Kambodscha: Norodom Sihanouk war zunächst König, später Regierungschef seines in eine Republik umgewandelten Landes – und wurde schließlich wieder König. Ob Simeon Sakskoburggotski etwas ähnliches anstrebt, wird die Zukunft zeigen. Im Jahre 1887 wurde Prinz Ferdinand von Sachsen-Coburg und Gotha von der bulgarischen Nationalversammlung zum Fürsten von Bulgarien gewählt. 1908 erklärte er sich zum König (Zaren) der Bulgaren. Sein 1937 in Sofia geborener Enkel Simeon, Sohn von Zar Boris III. und Zarin Giovanna, einer italienischen Königstochter, bestieg 1943 nach dem mysteriösen Tod seines Vaters den Thron. Sein Onkel Prinz Kyril führte die Regentschaft.

Während des kommunistischen Putsches 1944 wurden Kyril und die meisten Mitglieder der Regierung ermordet, der Siebenjährige blieb aber weiterhin Zar. Ein 1946 von den Kommunisten abgehaltenes, manipuliertes Referendum führte zur Abschaffung der Monarchie. Der König ging mit seiner Mutter und seiner Schwester Maria-Luisa ins Exil nach Ägypten, wo in Alexandria sein Großvater, der abgesetzte italienische König lebte. 1951 gewährte der spanische Regierungschef Franco Simeon Asyl. Hier studierte er Jura und Politikwissenschaften. Anschließend besuchte er die Militärakademie Valley Forge in den USA. 1962 heiratete er die spanische Adlige Dona Margarita Gómez-Acebo y Cejuela. Das Paar hat vier Söhne und eine Tochter. 1996 kehrte Simeon II. nach 50jährigem Exil erstmals nach Bulgarien zurück. 2001 gründete er die »Nationale Bewegung Simeon II.« und trat zur Parlamentswahl an. Nach einem erdrutschartigen Wahlsieg mit 42,7 Prozent der Stimmen wurde er am 24. Juli 2001 Ministerpräsident. Der neue Regierungschef strebte eine Verbesserung des in den 90er Jahren drastisch gesunkenen Lebensstandards und eine Aufnah-

Der frühere bulgarische König Simeon II. legt in Sofia seinen Amtseid als Ministerpräsident ab.

Der ehemalige König von Rumänien, Michael I., Prinz von Hohenzollern, mit seiner Ehefrau Anne von Bourbon-Parma. 1997 erhielt er von der rumänischen Regierung die aberkannte Staatsbürgerschaft zurück.

me Bulgariens in die EU an. Er hofft, durch seine verwandtschaftlichen und beruflichen internationalen Kontakte ausländische Investoren ins Land zu holen. Im Vergleich zu den Wahlversprechen sind seine bisherigen Erfolge allerdings gering, so dass die Euphorie der Bulgarien für ihren Ex-Monarchen und jetzigen Regierungschef weitgehend verflogen ist.

Der letzte König von **Rumänien**, Michael I. aus dem deutschen Fürstenhaus Hohenzollern-Sigmaringen, hat sein Land nach dem Ende des Kommunismus zwar besucht und wurde dort freundlich empfangen, doch hat er in der Politik des Landes keine Rolle mehr gespielt. Der 1921 geborene Michael war von 1927 bis 1930 und von 1940 bis 1947 König. 1944 stürzte er in einer lebensgefährlichen Aktion den faschistischen Diktator Antonescu und dessen Regime und nahm Kommunisten in seine Regierung auf. Diese zwangen ihn 1947 zur Abdankung, die er 1948 in London widerrief. Im selben Jahr heiratete er in Athen Prinzessin Anne von Bourbon-Parma, mit der er fünf Töchter hat. Er lebt als Geschäftsmann in der Schweiz am Genfer See.

Der frühere König von **Griechenland**, Konstantin (geb. 1967), lebt mit seiner Frau Anne-Marie (geb. 1946), und seinen fünf Kindern im Exil in London. Da er ein Bruder der spanischen Königin Sophia, sie eine Schwester der dänischen Königin Margrethe ist und auch der Herzog von Edinburgh als Prinz von Griechenland zur engeren Familie gehört, verfügt die Familie über ein dichtes Netz von Familienbanden. Man sieht das Paar daher auch auf fast allen Hochzeiten des europäischen Hochadels. Der griechische Königsthron wurde zwar von den europäischen Großmächten geschaffen, doch stand er oft auf wackligen Füßen. 1830 erklärten die Mächte das Land zum unabhängigen Königreich. Griechenland war das erste Teilstück, das aus dem im Niedergang begriffenen Osmanischen Reich herausbrach, Bulgarien, Rumänien, Serbien und Albanien sollten folgen.

Als erster König war Prinz Leopold von Sachsen-Coburg-Gotha vorgesehen, der bereits seine Zusage gegeben hatte, diese aber 1831 zurückzog, da ihm der Thron des gerade ebenfalls entstandenen Belgien angetragen wurde. Der kluge Prinz entschied sich für den reichen Staat im Herzen Westeuropas und gegen das ferne Griechenland, von dem man jenseits idealisierender Vorstellungen vom antiken Hellas nicht viel wusste. Hierauf brachte der von Antikensehnsucht ergriffene König Ludwig I. seinen unmündigen zweiten Sohn Otto ins Gespräch, auf den man sich 1832 einigte und der 1833 den Thron bestieg. Der Wittelsbacher brachte die weißblauen Farben, eine bayerische »Schutztruppe« und grandiose Baupläne des Münchner Architekten Leo von Klenze mit nach Griechenland. Die Bayern waren entsetzt von der Rückständigkeit Athens, das sie sich als glanzvolle antike Polis erträumt hatten, das aber nicht mehr als ein armseliges Hirtendorf war. Es gelang Otto auch nicht, den Griechen zu zeigen, wie man griechisch baut, weil für seine Bauprojekte kein Geld aufzutreiben war. Die unbeliebten bayerischen Beamten wurden 1844 vertrieben, 1862 musste Otto selbst gehen. Er kehrte nach Bayern zurück und starb in Bamberg. 1863 einigten sich England, Russland und Frankreich auf Prinz Wilhelm von Dänemark als König, der als Georg I. Nachfolger von Otto wurde. 1924 rief Griechenland das erste Mal die Republik aus, doch wurde König Georg II. zehn Jahre später wieder eingesetzt. Nach dem Zweiten Weltkrieg entging er nur knapp einem kommunistischen Umsturz. Paul I. folgte seinem Bruder 1947 auf den Thron. Als er 1964 starb, war sein Sohn Konstantin 23. Er heiratete im selben Jahr die 18jährige dänische Prinzessin Anne-Marie. 1967, wenige Monate nach Geburt des Thronfolgers Kronprinz Pauls, Herzog von Sparta, musste die Familie ins Exil gehen. 1973 wurde per Volksabstimmung die Monarchie in Griechenland abgeschafft. König Konstantin und Königin Anne-Marie haben zwei Söhne und drei Töchter, die im Abstand von 21 Jahren auf die Welt gekommen sind.

Der griechische Ex-König Konstantin II. und seine Frau Anne-Marie.

Zu Gast im Schloss:

Alle hier angegebenen Schlösser in adligem Privatbesitz sind sehenswert. Die mit ✶ sind besonders sehenswert, mit ✶✶ stellen einzigartige Sehenswürdigkeiten dar. Soweit nicht anders angegeben, sind die Schlösser ohne vorherige Anmeldung zu besichtigen. Die meisten sind im Winter allerdings geschlossen oder haben stark eingeschränkte Öffnungszeiten.

Schloss Altshausen
(Herzog von Württemberg); Baden-Württemberg
(Nur Schlosskirche und Außenanlagen)
88361 Altshausen
Tel. 0 75 84 / 29 20

50 zugängliche deutsche Schlösser in Adelsbesitz

Schloss Amorbach
(Fürst Leiningen), Bayern
63916 Amorbach
Tel. 0 93 73 / 97 15 45
www.fuerst-leiningen.de

∗ Schloss Arolsen
(Fürst Waldeck-Pyrmont), Hessen
34454 Bad Arolsen
Tel. 0 56 91 / 89 55 20
www.schloss-arolsen.de

Schloss Babenhausen,
Fugger-Museum (Fürst Fugger-Babenhausen), Bayern
87727 Babenhausen
Tel. 0 83 33 / 29 31

Schloss Baldern
(Fürst Oettingen-Wallerstein), Baden-Württemberg.
734471 Bopfingen/Baldern
Tel. 0 73 62 / 96 88-0
www.fuerst-wallerstein.de

Burg Bentheim (Fürst zu Bentheim und Steinfurt), Niedersachsen
48455 Bad Bentheim
Tel. 0 59 22 / 50 11
www.fuerstbentheim.de\burgbentheim\d\index.php

Schloss Berleburg
(Prinz Sayn-Wittgenstein-Berleburg), Nordrhein-Westfalen
57319 Bad Berleburg
Tel. 0 27 51 / 93 60 10

∗ Schloss Birstein
(Fürst Isenburg), Hessen
63633 Birstein
Tel. 0 60 54 / 20 09
www.isenburg.de (Besichtigung nur nach Voranmeldung)

∗ Schloss Bückeburg
(Fürst Schaumburg-Lippe), Niedersachsen
31675 Bückeburg
Tel. 0 57 22 / 50 93
www.schloss-bueckeburg.de

∗ Schloss Büdingen
(Fürst Ysenburg-Büdingen), Hessen
63654 Büdingen
Tel. 0 60 42 / 9 64 70

Burg Braunfels
(Graf Oppersdorff-Solms-Braunfels), Hessen
35619 Braunfels a.d. Lahn
Tel. 0 64 42 / 50 02
www.schloss-braunfels.de

Schloss Breitenburg
(Graf Rantzau), Schleswig-Holstein
25524 Breitenburg
Tel. 0 48 28 / 293
(Besichtigung nur nach Voranmeldung)

Schloss Callenberg
(Prinz von Sachsen-Coburg und Gotha), Bayern
96450 Coburg
Tel. 0 95 61 / 55 15 10
www.schloss-callenberg.de

∗ Fürstliches Residenzschloss Detmold
(Prinz zur Lippe), Nordrhein-Westfalen
32756 Detmold
Tel. 0 52 31 / 7 00 20
www.schloss-detmold.de

Schloss Wendlinghausen
(Familie von Reden), Nordrhein-Westfalen
32694 Dörentrup
Tel. 0 52 65 / 76 82
www.schloss-wendlinghausen.de

Schloss Donaueschingen
(Fürst Fürstenberg), Baden-Württemberg
78166 Donaueschingen
Tel. 07 71 86 / 436,
www.donaueschingen.de

Schloss Lembeck
(Graf Merveldt), Nordrhein-Westfalen
46286 Dorsten-Lembeck
Tel: 0 23 69 / 71 67
www.schloss-lembeck.de

∗∗ Schloss Fasanerie
(Landgraf von Hessen), Hessen
36124 Eichenzell
Tel. 06 61 / 9 48 60
www.schloss-fasanerie.de

Herrenhaus Emkendorf
(Familie von Lüttwitz-Heinrich), Schleswig-Holstein
24802 Emkendorf
Tel. 0 43 30 / 99 46 90
www.herrenhaus-emkendorf.de

Schloss Hämelschenburg
(Familie von Klencke), Niedersachsen
31860 Emmerthal
Tel. 0 51 55 / 95 16 90
www.schloss-haemelschenburg.de

Schloss Erbach
(Graf Erbach), Hessen
64711 Erbach
Tel. 0 60 62 / 9 59 20
www.odenwald.de/sights/mark/schloss.htm

∗ Schloss Glücksburg
(Prinz von Schleswig-Holstein), Schleswig-Holstein
24960 Glücksburg (Ostsee)
Tel. 0 46 31 / 22 13
www.schloss-gluecksburg.de

Fürstenhaus Herrenhausen
(Prinz von Hannover), Niedersachsen
Alte Herrenhäuser Str. 14
30419 Hannover
Tel. 05 11 / 75 09 47
www.welfen.de/Fuerstenhaus.htm

Burg Harburg,
(Fürst Oettingen-Wallerstein), Bayern
86655 Harburg

Tel. 0 90 80 / 9 68 80
www.fuerst-wallerstein.de

✶ **Burg Hohenzollern**
(Prinz von Preußen,
Fürst von Hohenzollern),
Baden-Württemberg
72379 Hechingen
Tel. 0 74 71 / 24 28
www.burg-hohenzollern.com

✶ **Schloss Heiligenberg**
(Fürst Fürstenberg),
Baden-Württemberg
88633 Heiligenberg
Tel. 0 75 54 / 9 98 30
www.heiligenberg.de

✶ ✶ **Wasserburg Anholt**
(Fürst Salm-Salm),
Nordrhein-Westfalen
46419 Isselburg-Anholt
Tel. 02 87 / 44 53 53
www.fuerst-salm.de

✶ **Schloss Kirchheim**
(Fürstin Fugger),
Bayern (nur Zedernsaal
und Schlosskirche)
87757 Kirchheim
Tel. 0 82 66 / 86 25 90
www.zedernsaal.de

Schloss Kronburg
(Freiherr von
Vequel-Westernach)
87758 Kronburg im Allgäu
Tel. 0 83 94 / 271
www.schloss-kronburg.de

Schloss Langenburg
(Fürst Hohenlohe-
Langenburg),
Baden-Württemberg
74595 Langenburg
Tel. 0 79 05 / 10 41
www.schlosslangenburg.de

Schloss Laubach
(Graf Solms-Laubach),
Hessen
35321 Laubach
0 64 05 / 91 04 26
www.schloss-laubach.de

Schloss Lichtenstein
(Herzog von Urach),
Baden-Württemberg
72805 Lichtenstein
Tel. 0 71 29 / 41 02,
www.urach.de

Schloss Mainau
(Graf Bernadotte), Baden-
Württemberg (nur Blumen-
insel u. Schlosskirche)
78465 Mainau
Tel. 0 75 31 / 30 30
www.mainau.de

Schloss Mespelbrunn
(Graf Ingelheim), Bayern
63875 Mespelbrunn
Tel. 0 60 92 / 269
www.schloss-mespel-
brunn.de

Schloss Molsberg
(Graf Walderdorff),
Rheinland-Pfalz (nur Park,
Schlosskirche und bei Aus-
stellungen Barockpavillon)
56414 Molsberg
Tel. 0 64 35 / 10 05
www.walderdorff.net

✶✶ **Burg Eltz**
(Graf Eltz), Rheinland-Pfalz
58294 Münstermaifeld
Tel. 0 26 72 / 95 05 00
www.burg-eltz.de

✶ **Schloss Neuenstein**
(Fürst Hohenlohe-Oehringen),
Baden-Württemberg
74632 Neuenstein
Tel. 0 79 42 / 9 11 50
www.schloss-neuenstein.de

Schloss Oettingen
(Fürst Oettingen-Spielberg),
Bayern
86732 Oettingen
Tel. 0 90 52 / 96 94 24
www.oettingen-spielberg.de

Schloss Marienburg
(Prinz von Hannover),
Niedersachsen
30982 Pattensen
Tel. 0 50 69 / 407
www.welfen.de/
SchlossMarienburg.htm

✶ ✶ **Schloss Weissenstein**
(Graf Schönborn),
Bayern
96178 Pommersfelden
Tel. 0 95 48 / 9 81 80
www.pommersfelden.de

✶ **Schloss St. Emmeram**
(Fürstenhaus Thurn
und Taxis), Bayern
Emmeramsplatz 5
93047 Regensburg
Tel. 09 41 / 5 04 81 33
www.thurnundtaxis.de

Burg Runkel
(Fürst zu Wied), Hessen
65594 Runkel an der Lahn
Tel. 0 64 82 / 42 22
www.burg-runkel.de

✶ **Schloss Salem**
(Markgraf von Baden),
Baden-Württemberg
88682 Salem
Tel. 0 75 53 / 8 14 37
www.salem.de

Schloss und Burg Sayn
(Fürst Sayn-Wittgenstein-
Sayn), Rheinland-Pfalz
56170 Sayn
Tel. 0 26 22 / 9 02 40
www.sayn.de

Schloss Schillingsfürst
(Fürst Hohenlohe-
Schillingsfürst), Bayern
91583 Schillingsfürst
Tel. 0 98 68 / 201
www.schloss-schillings-
fuerst.de

✶ **Schloss Sigmaringen**
(Fürst von Hohenzollern),
Baden-Württemberg
72488 Sigmaringen
Tel. 0 75 71 / 729 – 230
www.burgenperlen.de

Schloss Sünching
(Baron Hoenning O'Carroll);
Bayern (nur nach Voranmeldung)
93104 Sünching
Tel. 0 94 83 / 218

Schloss Ulrichshusen
(Freiherr von Maltzahn),
Mecklenburg-Vorpommern
17194 Ulrichshusen
Tel. 03 99 53 / 79 00
www.schloss-ulrichshusen.de

Schloss Wallerstein
(Fürst Oettingen-Wallerstein),
Bayern
86757 Wallerstein
Tel: 0 90 81 / 782 – 285
www.fuerst-wallerstein.de

Schloss Wolfegg
(Fürst Waldburg-Wolfegg),
Baden-Württemberg
(nur bei Konzerten geöffnet)
88364 Wolfegg
Tel. 0 75 27 / 96 82 57

Schlosshotels in adligem Privatbesitz sind in Deutschland nicht allzu häufig: Hervorragend das Schlosshotel in der Wasserburg Anholt (Fürst Salm-Salm) am Niederrhein mit exquisiter Küche und das luxuriöse Schloss Friedrichshof in Kronberg am Taunus (Landgraf von Hessen), ehemals Wohnsitz der Mutter des letzten deutschen Kaisers. Ein schönes Schlosshotel befindet sich in Büdingen. Im Spreewald südlich von Berlin liegt das Schlosshotel Lübbenau (Graf Lynar), Schloss Ulrichshusen in Mecklenburg, auf halbem Wege zwischen Hamburg und Berlin, wartet ebenfalls mit einem Schlosshotel auf.

Bildnachweis

Alte Pinakothek, München 166 o. / Archiv DuMont 15 o., 17, 18, 44, 56, 60, 61, 65, 79, 92, 93, 104, 129, 145 / Aus: Les très riches heures du Duc de Berry 38/ Aus: Schedelsche Weltchronik 14 / Badisches Landesmuseum, Karlsruhe 81 / Bayerische Verwaltung der staatlichen Schlösser, Gärten und Museen, München 83 / Bednorz, Achim, Köln 51 / Bibliothèque de Toulouse 37 / Bildarchiv Monheim, Meerbusch 79 o., 109 / Bildarchiv Preussischer Kulturbesitz, Berlin 100, 107 o. , 123 / Bildverlag Merten, Saarburg 41 o. / Castello di San Giorgio, Mantua 193 / Darabos, György, Budapest 120 u. / Deutsche Historisches Museum, Berlin 55 / Dixon, C. M. 23 / E. T. Archive 39 / El Escorial, Bibliothek 34 / Eremitage, Sankt Petersburg 78, 1870. / Fürst Thurn und Taxis Hofbibliothek/Zentralarchiv 141 / Fürstlich Hohenzollernsche Hofkammer, Sigmaringen 90 / Gemäldegalerie Alte Meister, Dresden 10, 107 u. / Gemäldegalerie Alte Meister, Kassel S. 161 / Gruber, Renate 88 / Grünes Gewölbe, Dresden 108 / Hammel/van der Voort, Dortmund 106 / Haus der Kunst, München 76, 101 o., 111 / Hilbich, Markus, Berlin 190, 191 o. / Hofburg, Schatzkammer, Wien 45 / Hub, A./ laif, köln 82, 136 / Jeiter, Michael, Morschenich 41 u. / Jung, G., Hamburg 166 u. / Koch, Ansgar, Berlin 11 / Kunsthistorisches Museum, Wien 42, 97, 189 / Kurverwaltung, Schwangau 125 / Landeshauptarchiv, Koblenz 25 / Linke, Manfred/laif, Köln 179 / Marton, Paolo 89, 94 / Musée Condé, Chantilly 40 / Musée du Louvre – RMN, Paris 47, 178 / Museo del Prado, Madrid 53 / Museo del' Opera del Duomo, Florenz 48 / Museum für angewandte Kunst, Wien 43 / Muzeum Narodowe, Krakau 182 o. / National Gallery, London 22 / Otto, Werner, Oberhausen 113 / Palazzo Vecchio, Florenz 21 / Picture-alliance/akg-images 57, 59, 66 u., 95, 116, 120 o. (Doris Poklekowski), 127 / Picture-alliance/akg-images/Erich Lessing 16, 35 / Picture-alliance/dpa 2, 9 o., 15 u., 19, 24, 29, 32, 62, 63, 66 o., 69, 70, 72 u., 80, 85, 86, 87, 96 o., 101 u., 122, 135, 140, 148, 151, 153, 155, 157, 159 u., 162, 163, 164, 167, 172, 173, 174, 176, 194, 195, 196, 197 / Picture alliance/ dpa/dpaweb 96 u., 112, 159 o., 168, 169, 187 u. / Picture-alliance/KPA/ Werle, Ludwig 132 / Picture-alliance/OKAPIA KG, Germany 75 / Picture-alliance/ Picture Press/CAMERA PRESS/ ROTA 9 u., 149 / Picture-alliance/ Picture Press/CAMERA PRESS/ Times 46. / Picture-alliance/ ZB 71, 77, 182 u. / Sammlung Preussische Schlösser und Gärten, Neues Palais, Potsdam 27 / Schmuckmuseum, Pforzheim 118 / Schwarzenbergische Zentralkanzlei, Wien 138 / Seeger-Press, Albstadt 47, 73; 91, 105, 110 (Minka Redding); 115, 131, 133; 150 (Matrix); 165 / Spitta, Wilkin, Loham 152 / Titzenthaler, Waldemar 103 / Van der Kallen, Wim 191 u. / Von der Mülbe, Wolf Christian, Dachau 54 / WTV/Karl Thomas 72 o. / Zanetti, Fulvio, Köln 156, 158, 177
Der Verlag hat sich bemüht, alle Rechteinhaber ausfindig zu machen. Leider ist dies in einigen Fällen nicht gelungen. Berechtigte Ansprüche werden selbstverständlich im Rahmen der üblichen Vereinbarungen abgegolten.

Register